"Manuel pour les entrepreneurs".

Si vous voulez être un entrepreneur prospère, entourez-vous d'aigles car ce monde est plein de mouches.

AUTEUR: EDBERT JOSUE RIOS TORO.

"Pensez comme un aigle et vous verrez les résultats ».

EDBERT JOSUE RIOS TORO.

Si vous voulez être un entrepreneur prospère, entourez-vous d'aigles car ce monde est plein de mouches.

Manuel pour les entrepreneurs.
Février 2021.

Auteur-éditeur:
© Edbert Josue Rios Toro.
Av. Universitaria Con Santa Rosa
Paradero 2. Bloc Señor de Los Milagros
Manzana Q-Lot 62. San Martin de Porres.
Téléphone. +51 984 741 740.
influenciasmillonarias@gmail.com
Lima Pérou.
Première édition numérique, janvier 2021.
E-book disponible: www.amazon.com
ISBN: 978-612-00-5872-5.

Ce livre a été créé dans le but de promouvoir le «Self Help» à travers divers exemples de vie et exemples de réflexion où je vous invite à utiliser votre imagination pour que vous puissiez comprendre les illustrations écrites.

L'intention de la création de ce projet est d'exprimer des idées positives qui motivent les jeunes à avancer en croyant en eux-mêmes jusqu'à ce qu'ils atteignent leurs objectifs de vie.

Faites de votre mieux et voyez grand pour obtenir de meilleurs résultats. Parce que la peur ne va pas loin.

Ce livre traite de l'orientation professionnelle que tous les entrepreneurs doivent suivre lorsqu'ils se battent pour notre développement personnel et sur la façon de rechercher la motivation en nous-mêmes, découvrir ce pour quoi nous sommes bons, depuis de nombreuses fois à cause de notre innocence et de notre manque de Nous finissons par demander des conseils ou écouter les paroles des mauvaises personnes en pensant qu'elles nous donneront une bonne réponse en exprimant nos idées et pour différentes raisons elles finissent par nous couper les ailes pour que nous ne continuions plus à rêver, ce qui crée de la méfiance en nous-mêmes,C'est pourquoi le développement de ce sujet très important est un concept très fort pour les oreilles de beaucoup, et en même temps c'est très vrai pour la motivation d'autres personnes qui n'ont pas peur de montrer la valeur ajoutée de leurs actions en tant qu'entrepreneurs. .

Pensez comme un aigle et vous verrez les résultats.

Merci.

Merci à Dieu, tout père puissant, bien-aimé et céleste de m'avoir permis de m'exprimer à travers ce projet, qui a été façonné avec l'intention d'aider d'autres personnes, en leur laissant un examen préalable de mes expériences pour atteindre mes objectifs. Et pour m'avoir permis de réaliser mon objectif de vie qui est de m'améliorer et d'avancer pour montrer que les rêves peuvent être réalisés tant que vous êtes constant dans vos projets.

De la même manière, je tiens à remercier mes parents pour l'éducation qu'ils m'ont donnée, mes oncles, tantes, cousins et cousins pour m'avoir soutenu en tout temps.

À mes amis de m'avoir apporté ce soutien inconditionnel et de m'avoir mis au défi de donner le meilleur de moi-même, jusqu'à ce que j'obtienne de bons et meilleurs résultats dans les activités que j'ai effectuées en tant que travailleur, étudiant et apprenti, entre autres tâches.

Muchas gracias a esas personas que me ayudaron a llegar a donde estoy, pero sin duda una de las mejores eres tú, mi lector, lectora que te tomas de tu valioso tiempo para leer este trabajo humilde y destacado para tu gusto y apoyo moral, gracias , Merci beaucoup.

Contenu.

Avant-propos.

Au sommet d'une montagne au sommet du karma et de la solitude. Se cacher est un oiseau très, très, très silencieux, rapide, perspicace et intelligent avec des yeux impressionnants qui peuvent voir à courte et longue distance et même quand il vole, il peut voir des kilomètres sans perdre de vue. Cet oiseau a un bec jaune court et pointu, ses pattes sont de la même couleur que son bec. Leurs ailes peuvent mesurer jusqu'à deux (2) mètres et demi (1/2). Ceux-ci sont bruns, blancs et noirs. Leurs griffes sont si fortes qu'elles peuvent prendre des proies pesant jusqu'à 55 kilos et les soulever sans problème. / Ce guerrier et seigneur des hauteurs a un but unique qui est de sortir dans le monde et à la recherche de son but quel que soit le temps ou les conditions qui l'entourent, démontrant sa suprématie chaque fois qu'il part à la recherche du succès en vol haut comme aucun autre oiseau ne l'aurait fait. Se couronner comme le roi des hauteurs. Depuis des siècles, il a gagné le respect de ses téléspectateurs. À la stupéfaction de beaucoup, certains l'appellent l'oiseau à succès, entrepreneur de grands exploits et de victoires, tandis que d'autres le visualisent avec respect et majesté.

Maintenant, la chose la plus intéressante à propos de cet oiseau est qu'il visualise sa cible à une grande distance prédéterminée de deux miles, ce qui équivaut à «3218,68 mètres» une fois dans le ciel et sans échec. À cette distance, nous l'appellerons «temps». ET

C'est une grande route pleine de force avec des ébauches que nous devons encore parcourir en fonction de la vitesse à laquelle nous entreprenons nos projets. Déterminer la distance parcourue, qui seront les jours, les heures, où se situe notre objectif afin de trouver la chasse au succès.

Comparatifs des aigles
Avec les êtres humains:

Utiliser l'imagination comme métaphore pour réaliser nos rêves fait partie de la créativité, la comparaison des aigles et des mouches est un thème qui peut être développé en ne mettant en pratique que la créativité de l'être humain. Pour bien comprendre ce sujet, je vais vous donner un bref résumé de l'origine des aigles, leur description, une série de comparaisons et d'exemples similaires afin que vous puissiez facilement les comprendre.

Histoire: L'aigle o Chrysaetos remonte à plus de 150 millions d'années. Cet oiseauIl était synonyme de pouvoir pour de nombreux peuples anciens car il a été constitué comme le symbole de la majesté, du pouvoir et de la victoire à travers les siècles, c'est pourquoi jusqu'à aujourd'hui il est considéré comme un symbole présent dans l'iconographie de diverses cultures telles que Indu, asiatique, européenne et mésoaméricain. Il convient de noter qu'elle représentait une grande partie de la culture Mochica / Moche de l'ancien Pérou. «La culture archéologique de l'actuelle province de Trujillo était également représentée dans la culture des Mayas et des Aztèques.

Description: On dit qu'un aigle peut voir, pendant qu'il vole, sa cible qui se trouve à plusieurs kilomètres en le suivant furtivement depuis les hauteurs pour le chasser, c'est l'un des oiseaux les plus préférés par une grande majorité de personnes est l'un des les oiseaux avec une plus grande longévité, ce sont des prédateurs par nature, ce sont des chasseurs élégants, très agiles, rapides et surtout très silencieux, allant même jusqu'à chasser leur victime sans se rendre compte qu'ils sont en danger.

Si elle le souhaite, elle peut vivre jusqu'à 70 ans, mais cela dépend d'une grande décision qu'elle doit prendre lorsqu'elle atteint 40 ans. Déjà dans sa «quatrième décennie», il doit prendre une décision sérieuse et difficile car à cet âge il doit passer par une phase de transformation pour pouvoir renouveler son essence, c'est-à-dire obtenir de nouvelles plumes, un nouveau bec et de nouvelles griffes .

La discipline peut être un allié fondamental pour Atteindre vos objectifs, puisque l'intelligence représente la capacité ou la faculté de comprendre un sujet spécifique, mais la discipline reflète l'ordre de vos pensées et de vos paroles, vous saurez donc à quel point vous êtes prêt à agir en cas d'éventualité ou de problème d'entrepreneuriat.

Mieux vaut être discipliné que de croire que l'on sait tout, sinon le mot entreprendre n'aurait pas de blague, ce qui signifie savoir identifier les opportunités qui s'offrent à vous en prenant des risques en enquêtant, en ordonnant, en réfléchissant, en agissant.

Règle numéro 1.

La discipline fait partie de l'entrepreneuriat et du succès.

Si vous n'êtes pas prêt à vous organiser et à être plus responsable avec les engagements que vous avez assignés, vous ne réaliserez jamais d'actions positives.

"Un esprit bien discipliné reflète l'ordre et la propreté qui l'entourent, donc à travers lui le désir d'aller de l'avant est démontré, car nous rechercherions les défauts, les imperfections qui affectent notre image et notre projet de vie."

Chapitre 1.

La représentation de l'aigle dans la vie d'un entrepreneur.

Nous les adultes sommes tellement distraits parfois parce que quand nous grandirons nous oublions de concentrer notre attention directement sur les enfants, nous aurons notre raison d'être absents, c'est vrai, mais ce n'est toujours pas un problème qu'il faut travailler sans relâche tous les jours pour que votre famille ne manque de rien car vous manquez toujours de vous comme soutien direct, ignorant que le premier allié ou entrepreneur peut être votre enfant. Frère (a), Cousin (a) Puisqu'ils sont les premiers à réaliser quel est leur but dans la vie et qu'ils sont les premiers visionnaires au monde, car comme ils ne connaissent pas le mal qui peut les entourer, ils sont intéressés par apprenant différents thèmes à travers la créativité, les jeux, les causeries, et sans oublier qu'ils reflètent un grand positivisme avec leur formidable ainsi qu'ils peuvent vous faire rire, pleurer ou voler votre cœur, ces amis aiment l'entrepreneuriat pour trois raisons, ils sont curieux, ils aiment apprendre et utiliser leur créativité au maximum. Par exemple.

Supposons que sur notre chemin il y ait 3 enfants «méchants» formidables, ils seront nos cousins. 2 femelles et un mâle. La première est Milagros, nous l'appellerons Lalito, c'est une fille de 10 ans. Très beau et en même temps très formidable, "sûrement si j'avais une sœur jumelle, ils connaîtront un plan pour démolir la maison."

La deuxième fille a 8 ans, elle s'appelle Charlotte, c'est une très jolie fille, très innocente, ludique et calme, elle ne casse pas une assiette, "oeil" quand elle dort car sinon elle aime bavarder, écrire, gratter des choses, courir partout dans la maison, manger des bonbons. Mais c'est toujours un amour pour des personnes comme Milagros et José Gregorio, qui d'ailleurs ce garçon de 6 ans est si formidable qu'ils l'ont presque appelé pour enregistrer la deuxième partie de Naughty Daniel comme s'il s'agissait d'une saga du tremblement de terre. garçon. Mais nous aimons toujours nos cousins, n'oubliez pas qu'ils sont vos cousins.

Un jour, par curiosité, nous allons rendre visite à la mère des enfants, notre tante, «La Tía María». Nous sommes des adultes de 26 ans, travailleurs, amers, fatigués de tout, ennuyés, bref nous sommes toxiques et négatifs. Nous arrivons et saluons la tante, les cousins, et elle nous invite à venir manger et discuter. «Faites très attention à cette partie qui est intéressante», ils nous ont invités à manger et pendant que cela arrive notre tante. Jeux avec des enfants et dit que les enfants saluent leurs cousins et ils vous saluent avec ces rires et cet amour que les enfants reflètent, mais vous êtes toxique et ennuyeux, c'est-à-dire qu'ils reflètent le positivisme et que vous êtes le négatif qui reflète les mauvaises habitudes. Dire en toi que des enfants aussi ennuyeux ne me laisseront pas manger. Mais vous les saluez toujours avec ce mal. Pendant ce temps, notre tante Maria leur dit. Enfants nous allons jouer en silence ailleurs, laissez votre cousin manger en paix, allons au salon mes amours. On va jouer que je vais te demander des choses et tu réponds pour voir, pour voir

Maman: Charlotte, qu'est-ce que tu veux être quand tu seras grand, mon précieux bébé, viens dire à maman, dis-moi?

Charlotte: Enseignant, enseignant, enseignant! Yesiiiiii.

Maman: Pour quelle émotion mon bébé je serai un grand professeur, je vous aiderai à être un grand professeur. Mon amour!.

Maman: ¿Milagritos ma belle fille, que veux-tu être quand tu seras grande, ma fille??

Miracles: Docteur, pour soigner toutes mes poupées et mes patients! Yessss.

Maman: Comme ma fille sera un grand médecin, vous serez le meilleur de tous, ma chère!

Maman: ¿Et toi mon formidable José. Que vas-tu faire quand tu seras grand?

José Gregorio: Un vieil adulte!

Mom: Hahahahaha Non ma chère, une activité que tu aimes!

José Gregorio: Activité que j'aime, athlète Oui, oui!

Pendant qu'ils jouaient dans le salon ce qu'ils voulaient être quand ils ont grandi, vous mangiez une collation que votre tante a préparée pour vous par courtoisie et parce qu'elle vous aime, et vous étiez dans la cuisine à écouter tout ce qu'ils disaient et tu as juste ri de leurs paroles. Pensant que depuis qu'ils sont enfants, ils ne savent même pas ce qu'ils veulent être quand ils grandissent et que, ainsi que comment ils se comportent, ils seront quelqu'un dans la vie, vous en doutez beaucoup, alors c'était mieux que ça sonnait comme une blague.

Ceux qui sont déjà tante "Maria". Je leur demande ce qu'ils ont voulu faire quand ils grandissent et ils ont innocemment répondu sur leur orientation ou leur vision du futur parce que c'est ce qu'ils pensaient, supposons que la mère soit fière et leur achète les jouets inattendus.

✓   Pour Milagros je lui achète un cahier, des crayons, un stéthoscope, une blouse blanche, des instruments chirurgicaux «faits de jouets» et une grande poupée qui sert de pratique à la chirurgie.

✓   **Charlotte** Je lui achète un tableau noir, des marqueurs, des crayons de couleur, des draps blancs et plusieurs poupées et petites chaises en faisant semblant d'être ses élèves.

✓   **José Gregorio**: Je lui achète un ballon de foot, plusieurs cônes, des vêtements de sport pour pratiquer, un tir à l'arc, afin d'éveiller la passion du sport et créer une discipline.

Puis le temps passe et nous disons au revoir aux cousins et à la famille car nous avons dû entreprendre un voyage dans un autre pays. "États Unis". Pour des raisons de travail et une meilleure qualité de vie. Une fois que nous partons en voyage, nous perdons la réalité de leur vie et commençons à vivre dans une autre réalité, un autre monde.

Imaginez maintenant que 16 ans se sont écoulés. Et les trois enfants ont grandi et ont aimé quand ils s'entraînaient tous les jours pour le réaliser et réaliser leurs rêves.

> **miracles**Il y a maintenant une femme entreprenante, belle et intelligente, âgée de 26 ans, qui depuis qu'elle était enfant aimait jouer en tant que médecin, elle a décidé d'étudier la médecine et grâce à la lutte constante, aux efforts et à la persévérance d'elle et de ses parents, elle a réussi. pour obtenir son diplôme. Maintenant, elle est une grande chirurgienne médicale spécialisée en oncologie.

> **Charlotte**après avoir gratté tous les murs de la maison, fait ses devoirs, lui apprenant à ajouter à ses poupées, leur lisant une histoire et apprenant à dessiner. C'est une femme de 24 ans et elle a réussi à terminer ses études secondaires à 16 ans, puis elle a étudié les langues pendant 5 ans, fait une méthodologie et des cours pour se spécialiser et est maintenant professeur de langues.

- ➢ **José Gregorio** Il a pratiqué le football comme si sa vie en dépendait. Il a également étudié le lycée, a étudié le génie civil jusqu'à ce qu'il soit également diplômé, mais le plus important est qu'il se consacre au sport et réussit à entrer dans la meilleure école de football du Venezuela. Et il pourrait être choisi comme attaquant pour représenter aux Jeux olympiques internationaux qui se tiendront au Qatar en 2022.

Sans oublier que vous étiez aux "Etats-Unis" et puis un jour vous décidez de retourner au Venezuela pour voir votre famille, et profiter du fait que ça s'est bien passé pour vous, vous décidez d'investir dans votre pays et de procréer en mettant dans certaines entreprises, vous voyez que vos cousins sont déjà adultes et qu'ils ont beaucoup changé et ont réalisé leurs rêves de devenir ce dont ils rêvaient autrefois et vous êtes totalement étonné parce que vous n'êtes pas le seul à pouvoir progresser et qu'ils apprenaient tous les jours et qu'ils ont réussi à entreprendre dans leur pays.

Wow. Personne n'y croit vraiment. Difficile à croire. Tout cela est compté.

Maintenant je demande?

Ce qui est plus difficile à croire que ces enfants pendant les 16 années qui ont passé étaient des entrepreneurs et apprenaient à décoller du nid, ou qu'ils apprenaient à voler avec de grandes attentes et qu'au cours de ces 16 années qui ont passé, ils ont pu voir représenté facilement la vue d'un aigle dans le ciel devenant la distance qu'il leur faudrait pour chasser leur proie et réussir.

S'entourer d'aigles est un concept très direct à l'état d'esprit d'un entrepreneur, car si nous nous comparons aux aigles, nous comprendrons mieux notre objectif de vie et il nous sera plus facile de réfléchir à la manière de créer une voie pour réussir.

Nous sommes la moyenne des personnes avec lesquelles nous interagissons, de la musique que nous écoutons, des livres, des journaux que nous lisons, jusqu'à ce que nous remplissions notre cerveau d'informations et créons des habitudes ou en sachions un peu plus.

Tout se passe pour une simple raison que le corps est programmé par l'esprit, et l'esprit est programmé par votre essence, «votre âme». Et en tant que tel, pour atteindre cet équilibre, vous devez vous étudier pour savoir ce que vous voulez dans la vie, car vous devez atteindre cet équilibre entre le corps, l'esprit et l'âme. Afin d'éliminer toutes les ordures qui entourent votre cerveau, vous devez vous connecter avec l'univers et nettoyer votre aura afin de briller de sa propre lumière. Seulement en se concentrant sur le but. Il suffit d'y penser, donc à partir d'aujourd'hui, je veux que vous vous prépariez à être l'entrepreneur le plus prospère et à développer un excellent sujet de travail, et ce n'est pas une blague après avoir lu ce livre, demandez-vous ce que vous voulez pour votre avenir et si vous êtes prêt à y parvenir.

Les personnes qui s'entourent d'entrepreneurs influents apprennent à voler plus vite que le reste des entrepreneurs.

Il s'agit de grandir en vous-même en éliminant les distractions pour rafraîchir vos idées afin que vous puissiez utiliser votre esprit comme un parachute.

Numéro de règle 2.

"Aucune influence n'est aussi puissante que le positivisme ".

Si vous persévérez et que vous vous battez pour réaliser vos rêves en étant constant jour et nuit, l'inévitable se produira. Personne ne contrôlera votre esprit plus que vous, car vous apprendrez à avoir vos propres critères sur ce qui est bon et mauvais pour votre avenir.

Les personnes négatives ne servent qu'à éclipser les personnes qui sont nées avec leurs propres lumières, dans certains cas, elles servent à les faire briller encore plus. Par conséquent, vous devez utiliser ces ténèbres qu'ils émanent comme carburant et ainsi sortir du moule. Un exemple simple: "se faire dire que vous ne pouvez pas réaliser quelque chose parce qu'ils ne croient pas que c'est possible, vous vous détendez, concentrez-vous et dites dans votre esprit les mots suivants avec cette force positive qui vous fera briller et dépasser les limites des attentes : Ha Ha. Regarde comment je fais.

Laissez-vous emporter par les influences millionnaires, c'est-à-dire que les personnes qui réussissent jouent le rôle d'aigles. Les personnes négatives ne représentent que les mouches, car elles endommagent tout ce qu'elles touchent avec leurs mauvaises énergies. "

Épisode 2.

La motivation de l'aigle. / Croyez en nous-mêmes en ayant de la discipline et en apprenant à ne pas baisser la garde dans la tempête.

Plus vous êtes persévérant dans la vie avec votre but, plus vous serez proche de la réalisation de ce que vous voulez, tout est dans les habitudes que vous mettez en pratique, de votre façon d'être, de votre façon de penser lors de l'exécution d'un projet, même le il est temps de mettre en pratique votre créativité chaque jour pour pouvoir contrôler votre esprit puisque ce n'est qu'alors que vous pourrez contrôler votre avenir, sinon vous serez lié à votre passé et à l'arriération qui vous a gardé dans votre zone de confort ou plutôt, cette obscurité passée cela conduit à la pauvreté. Puisque votre esprit sera programmé à 75% par les nouvelles, les feuilletons, les personnes avec lesquelles vous vous entourez, la musique que vous écoutez et l'éducation que vous recevez.

Ne vous sentez pas mal à propos des changements, la fatigue fait partie du combat que vous entreprenez et les expériences font également partie de la force que vous créez dans votre caractère de motivation personnelle.

Être discipliné et croire en soi vous laboure chaque jour plus fort, même si la route devient difficile et que mille tempêtes de négativité arrivent, il vous suffit de rester calme en attendant le bon moment Pour prendre votre envol. N'ayez pas peur de voler ou plutôt n'ayez pas peur de ce qu'ils vous diront rappelez-vous que le ciel est libre et que les ailes sont à vous.

Vous décidez de prendre votre envol à la recherche du succès ou de rester là en bas en attendant que les tempêtes balaient vos rêves. Il faut être constant pour réussir, car il ne vient pas du hasard, il faut se battre pour cela.

Beaucoup se demandent à quel point ce sera difficile et ne savent pas qu'ils ont eux-mêmes les réponses. "Tout dépend de l'ampleur de vos ambitions et de ce que vous êtes prêt à faire pour y parvenir."

La route vers le succès sera aussi difficile que vous le souhaitez et à quelle hauteur vous décidez de voler.

Comment ça, Edbert?

Vous me le demandez, et je peux vous dire que le chemin de la gloire n'a jamais été aussi facile, même pas pour ceux qui étaient célèbres. Ils devaient donc croire en lui même lorsque les choses devenaient difficiles et que personne ne les aidait, même lorsque leur esprit voulait continuer à se battre et que leur corps renonçait à l'épuisement et doutait de ce qui se passait mais ils n'ont pas abandonné, ils ont continué à se battre , ils ont continué à se battre pour atteindre leurs objectifs et ils ont persévéré avec ce qu'ils voulaient et ne se sont pas reposés jusqu'à ce qu'ils voient leurs rêves se matérialiser.

Et la meilleure partie que vous savez ce que c'est?

Que le sentiment de gagner avec rien se compare parce que vous et seulement vous. Vous saurez combien il vous en coûte pour accéder au poste que vous souhaitez atteindre. A partir de ce moment vous serez un gagnant et votre baptême du feu commencera, vous serez un aigle, en quête de succès, en quête de nouveaux défis, de nouveaux défis, ravivant votre fierté et votre passion pour ce que vous voulez faire. Ce sera la récompense de tant de sacrifices et de tant de luttes. C'est pourquoi vous avez décidé de n'écouter personne d'autre que vous-même.

Si vous voulez apprendre à voler comme des aigles non vivants entourés de mouches, prenez votre vol le plus haut possible!

Obtenez des conseils de personnes qui vous laissent vraiment une bonne éducation et si quelqu'un vient vous critiquer, ne vous laissez pas affecter ou vous arrêter avec ses mauvaises vibrations, il est temps de partir à la recherche du succès.

Numéro de règle 3.

Être entrepreneur est quelque chose qui ne peut être expliqué qu'en quatre mots larges et abstraits. "Croyez en vous" Ce qui revient à créer vos propres visions du futur. Parce que ce n'est qu'alors que vous pourrez ouvrir votre esprit pour relever de nouveaux défis et rechercher une solution en général qui profite à de nombreuses personnes.

Dans la vie, il n'y a pas de manuel spécifique pour réussir si facilement, car personne ne va vous dire que ce sera une question d'heures ou d'une semaine pour y parvenir, prenez-en compte si vous voulez vraiment atteindre votre objectif. rêves. Les seules choses faciles que vous pouvez accomplir dans cette vie sont:

Vivez de la douleur des autres pour que les autres aient pitié de votre misère ou vivez des excuses pour dissimuler vos propres erreurs et continuez comme si de rien n'était.

Ces deux actions vous mèneront directement à l'échec car elles vous transformeront en une personne médiocre.

Chapitre 3.

Les influences des mouches. Détruire ou endommager tout sur son passage dans le but de se nourrir de la misère humaine ou des triomphes d'autrui.

En général, ces types de personnes maintiennent un champ d'énergie négative autour d'elles car elles n'ont pas mûri émotionnellement, elles ne reflètent que l'insécurité et l'égoïsme de ceux qu'elles contactent, car elles pensent que si elles ne font pas bien, les autres ne feront pas très bien. bien malgré les frustrations qu'ils ont dans leur petit cerveau de mouche.

Comment les identifier?

Beaucoup de ces personnes aiment entrer dans des conversations avec l'échange d'idées les rendant négatives et absorbantes qui leur permettent de se décharger de leurs frustrations.

Ainsi, ils transforment leur victime en l'une des nombreuses à travers une simple thérapie de négativité envahissant leurs limites et les décentralisant, se concentrant sur la recherche uniquement des défauts et de la partie négative des choses pour compenser leurs carences et leurs insécurités afin de se sentir mieux dans leur peau. . sans ajouter quelque chose de positif à la conversation.

C'est pourquoi les personnes toxiques finissent souvent par bouleverser leur victime, qui finit par éprouver des émotions négatives en sentant que leur énergie et leur joie sont consommées.

Un exemple simple est: Quand après avoir établi une conversation avec une personne négative qui ne se soucie pas de la vie ou qui n'a aucune aspiration à aller de l'avant, il voit que vous êtes sur le point de changer votre avenir à travers vos pensées et vos actions, il arrive et vous dit que vous êtes fou ou qu'ils l'ont déjà fait et que cela n'a pas fonctionné, pourquoi essayez-vous si vous n'allez pas y parvenir parce qu'il ou elle ne croit pas que vous êtes capable de l'atteindre et que vous êtes convaincu de ce que vous êtes faire et le personnage que Vous créez à travers l'entreprise de votre projet, même si cette personne insiste, insiste, insiste et continue d'insister avec la même chose, il est évident qu'il ne veut pas vous aider et ne veut pas de vous pour vous améliorer mais

Voyez comment mettre fin à tout stressé à cause d'une personne frustrée qui, dans sa misérable vie, n'a pas appris à aller de l'avant, à voler haut.

Ce n'est pas de votre faute si cette personne n'a pas appris à décoller du nid et ne sait pas voler haut et se contenter de la misère, en essayant d'endommager tout ce qu'elle touche avec ses influences négatives.

Pourquoi diable devez-vous les écouter?

Si le bien ou le dommage est pour vous, le succès est pour vous et les expériences seront pour vous, c'est là que nous devons apprendre à avoir nos propres critères et les envoyer faire frire des singes ou voir s'ils ont déjà mis le cochon, "comme on dirait dans ma ville" Et ce n'est pas une blague, je vais vous dire, je vous le dirai et je vous le répéterai encore si cette personne ne vous sert à rien, diable ils doivent aller. Vous devez simplement ajouter et non soustraire, même si cela peut être inconfortable, plus votre avenir et votre bien-être ont de la valeur.

Le succès est à vous alors allez-y, ne laissez personne vous couper les ailes, rappelez-vous que le ciel est libre et que vous décidez si vous voulez voler ou rester là-bas, laissant les personnes négatives avec un cerveau de mouche affecter votre bien-être et elles ne volent que bas et vivre de la misère.

Quand ces gens envieux vous disent que vous êtes fou parce que vous entreprenez un nouveau projet ou que vous développez des habitudes ou que vous faites ce que vous aimez, et que les gens viennent vous dire que vous êtes fou ou qu'il vous manque sûrement une vis, calmez-vous, respirez l'air frais, souriez et sarcastique et dites-leur.

Es-tu sûr que je suis fou et qu'il me manque une vis, haha une vis ... juste une?

Il me manque environ 10 vis, je suis donc un grand entrepreneur et je serai une meilleure personne chaque jour. Ces vis qui me manquent sont celles dont je n'avais pas besoin, alors je les jette en chemin.

Ces vis ont été appelées.

- ✓ Stress.
- ✓ Fatigue.
- ✓ Apathie.
- ✓ Faiblesse.
- ✓ Soyez négatif.
- ✓ Conformité.
- ✓ Pauvreté mentale.
- ✓ Irresponsabilité.
- ✓ Envie ton voisin.
- ✓ Vous voulez bavarder.

Ce sont les vis qui me manquent, je suis donc déterminé à me battre pour réaliser mes rêves.

Pour être un entrepreneur aigle, vous devez garder à l'esprit que la formation et l'intelligence sont importantes, bien que l'attitude et la personnalité soient ce qui donne du caractère à votre caractère entrepreneurial, c'est là que vient le désir de vous améliorer. Vous-même et partez à la recherche du succès parce qu'il ne viendra pas à vous, vous devez être persévérant et aller pour lui à tout prix.

Aller! ¿Qu'est-ce que tu attends?

Comment identifier ce type de personne avec la personnalité d'une mouche, c'est-à-dire avec des influences négatives.
Ils répondent généralement aux caractéristiques suivantes.

Ils pensent que la vie leur doit quelque chose et que s'ils n'obtiennent pas ce qu'ils veulent en 3 jours, ce n'est pas pour eux donc ça ne vaut pas la peine d'essayer de continuer.

Ils se plaignent de tout s'ils ne font rien en retour pour améliorer les choses.

Ce sont des gens frustrés qui croient que parce qu'ils ont mal fait sur une question de profession, vous ferez aussi mal.

Ils vous critiquent et vous critiquent jusqu'à ce que vous vous sentiez incertain de ce que vous faites et quand vous y parvenez, ils sont sûrement les premiers à dire qu'ils vous soutiennent et qu'ils ont cru en vous alors qu'en fait ils vous ont toujours critiqué.

Comme les mouches essaient de voler votre assiette de nourriture, elles essaient de voler votre triomphe ou d'endommager ce qu'elles touchent avec leurs mauvaises énergies

Comparatif des aigles et des mouches.

Un entrepreneur Eagle.

C'est un	*Agile.*
Et formidable	*guerrier.*
Avec un but	*Unique.*
Parce que tu en as toujours un	*Initiative.*
Posséder et en plus	*Lutter.*
Pour avancer et passer	*Atteindre*
Vos objectifs en essayant	*Dépassez-vous.*
De même jour après jour.	

C'est la base fondamentale d'un entrepreneur, l'aigle étant
un guerrier unique, né pour montrer au monde de quoi il
est fait et quel est le but de sa vie, car il croit en lui-même.

Gens avec

     Syndrome

        Des mouches.

Des personnes	***<u>Misérable.</u>***
Qu'ils veulent toujours	***<u>Opacar.</u>***
Pour un rêveur,	***<u>Sous-estimer</u>***
Le désir que tu as	***<u>Croître</u>***
Comme un vrai entrepreneur	***<u>Aigle.</u>***
À la recherche du côté négatif de tout	***<u>Toujours.</u>***
& Ils ne vous laisseront pas grandir	
professionnellement.	

Ici la blague est racontée seule, c'est ainsi que les personnes atteintes du syndrome de la mouche agissent, elles ne veulent pas que vous vous surmontiez parce qu'elles aiment le négativisme et vivent de la misère humaine, pour quelque chose qu'elles vous sous-estiment et ce n'est pas précisément pour vous pousser à l'obtenir à venir Ils ne veulent pas que vous vous amélioriez parce qu'ils ont peur d'être déplacés.

Vous venez de vous inspirer de cette image et de vous souvenir de cette personne qui vous a sous-estimé et vous a dit à plusieurs reprises que vous n'atteindriez pas votre objectif de vie, car ce projet ne fonctionne pas et vous n'y êtes pas préparé, Yo que tú, je respire profondément et dans mon esprit je médite Et je dis, Ha, Ha, regarde comment je le fais.

Les mathématiques sont influentes dans la vie d'un entrepreneur pour calculer les idées et la vitesse à laquelle nous exécuterons nos plans.

Sachant cela, nous devons noter toutes les idées dont nous disposons pour réaliser un projet dans un cahier à l'aide d'un crayon. Ce serait l'essentiel pour commencer.

Numéro de règle 4.

Tout entrepreneuriat commence par une petite idée, un sujet ou quelqu'un qui nous motive à le réaliser en découvrant cet objectif.

Ce serait une bonne base pour commencer si nous proposons que nous devions être plus risqués pour y arriver, c'est quelque chose d'aussi simple et aussi compliqué que les mathématiques. Parce que?

À cause de toutes les règles que je mentionne, n'oubliez jamais celle-ci, car c'est l'une des plus importantes. "Dans la vie, tous nos projets et actions sont comme les mathématiques. Les résultats positifs ne se reflètent que selon la façon dont nous développons nos opérations ou nos stratégies pour obtenir un résultat positif.

S'il y a un «E» exponentiel, qui dans ce cas nous sera face à tant de changements mathématiques au fil des années, des influences négatives qui nous entourent, il faut maintenir que l'estime de soi et le positivisme étant l'exponentiel ou plutôt l'exposition maximale "e" de surmonter. Parce que les gens qui ont réussi à avancer l'ont fait à travers la lutte constante "constante" pour surmonter jour et nuit et ils n'ont pas abandonné, alors n'abandonnez pas et soyez l'exponentiel qui suit la constante. Par le "dérivé" de vos actions.

Parce que tout ce que vous faites dans le présent affectera ou profitera à votre avenir. Compte tenu de cela, il ne vous reste plus qu'une chose, «extraire le facteur commun» pour que cela ne vous affecte pas et que votre vie soit meilleure en termes d'entrepreneuriat. Ici, le facteur commun est toute personne négative qui veut affecter votre avenir, rappelez-vous que vous êtes le maximum exponentiel "e", peu importe combien ils essaient de vous changer, ils ne l'atteindront jamais car votre valeur est 1 (un) seulement . Leur est inférieur au vôtre car il varie, donc ils ne seront jamais les mêmes que vous.

Chapitre 4.

Entreprendre à partir de zéro, comment le faire et quels sont les outils nécessaires à entreprendre.

Pour vous donner une idée claire de la façon de repartir de zéro, je vais brièvement vous faire un tour d'horizon de la crise dans mon pays et mon expérience personnelle sur la façon dont j'ai émigré avec ma sœur et mes amis au Pérou à la recherche d'une meilleure qualité de vie. dans une nouvelle voie partant de zéro malgré la crise politique, sociale et économique que traverse mon pays depuis plus de 7 ans jusqu'à aujourd'hui.

Mon témoignage: Je suis un jeune entrepreneur comme vous. 27 ans, née au Venezuela, un pays où j'ai grandi jusqu'à mes 24 ans et où j'ai dû émigrer en octobre 2017. Malgré la grande crise politique, économique et sociale que traverse actuellement mon pays en raison d'un modèle politique qui a été promu par des idiots. Désolé, désolé pour certains idiots, et un voleur qui se fait appeler "Président de la République du Venezuela" et sa série de personnes inutiles qui ne font que voler et tromper les gens. Je dis, je dis "Cabinet administratif", que tout ce qu'ils ont fait, c'est essayer de dissoudre certains modèles d'affaires juste pour le fait de vouloir contrôler les importations, les devises, les ressources, les entreprises du secteur privé violant les accords et traités gouvernementaux

Confondre les étapes qui correspondent à un président et à son équipe de travail avec les obligations de l'État. À travers la Révolution socialiste mal nommée, qui n'a apporté que misère, dévaluation de la monnaie locale "El Bolívar", pauvreté et encore plus de pauvreté. Cela ne s'est produit que parce qu'il voulait étouffer le modèle économique, tuer ses alliés, manquer de ressources, il faut noter que le Venezuela fait partie des 10 (dix) pays les plus riches en pétrole.

Depuis 1999. Jusqu'en 2013. Que son fondateur HRCF est décédé, après quoi, pour une période de transition, il a assumé le poste d'El Burro. À ce moment-là, nous étions tous heureux, il n'y avait pas de problème jusqu'à ce que la crise éclate et il y a beaucoup de gens qui ne s'attendaient pas à ce que cela se produise, c'est-à-dire pour voir comment un pays, qui est un producteur d'électricité de pétrole avec l'un des plus grandes réserves au monde, producteur d'or, Coltan, Diamante, avec le quatrième plus grand barrage d'eau au monde entre autres.

Personnellement, le Venezuela n'avait rien à envier aux autres pays quant à ses paysages, son climat tropical, ses plages, ses traditions, sa culture, c'était un privilège, presque une merveille d'y vivre, car c'était comme une femme en développement, que chaque jour elle devenait plus et plus belle, et elle grandissait, et comme on pouvait le supposer tant de beauté est en danger entre de mauvaises mains puisque les dirigeants de notre pays nous ont conduits à la pire crise économique qui ait jamais vu dans l'histoire au point qu'ils aviaire les gens qui ne pouvaient pas obtenir de médicaments, de nourriture, une grande partie des services de base ont disparu, la folie totale.

En cette année-là 2013. Quand tout s'est effondré, j'étudiais le génie civil et travaillais dans une station de radio, bien sûr, la crise a commencé à tout affecter de manière égale, déplaçant les classes sociales (riches, secteur des affaires, classe moyenne, classe ouvrière, travailleurs indépendants, pauvres à partir de là, j'ai touché au choix difficile d'émigrer vers d'autres pays, c'était un boom, car plus de 8 millions de Vénézuéliens ont émigré dans différentes nations en laissant tout ce qu'il nous en coûtait d'obtenir, emportant tous nos rêves dans une valise de 23 kilos, à l'époque il fallait repartir de zéro, car nous n'avions pas de toit à atteindre, beaucoup d'entre nous étaient des professionnels ayant déjà des carrières dans notre pays et nous devions chercher des emplois informels ou travailler dans la rue pour être capable de survivre et d'aider nos familles économiquement de l'extérieur.

Beaucoup de gens ont décidé d'émigrer vers d'autres pays par voie terrestre ou par avion, 70% des immigrants l'ont fait par voie terrestre près de la république sœur de Colombie, qui était l'une des nations qui nous ont soutenus en prenant le pas pour avancer, dans mon Dans ce cas, ma famille et moi étions inquiets du passage de nos jours, de notre avenir car nous avons traversé de grandes calamités en sachant que le pays où vous avez grandi traversait une forte crise économique qui semblait n'avoir aucune issue.

Un jour, je travaillais à la radio quand soudain, un dimanche, une de mes sœurs m'a appelé pour me parler de ses projets d'émigrer dans un autre pays, mais qu'elle étudiait toujours quel pays ce serait et moi avec toute la fierté et le bonheur que J'ai donné quand j'ai entendu ces mots d'entrepreneuriat et de motivation, j'ai dit, vas-y sœur parce que non, je te soutiens à 100%, tu es jeune, et tu as le droit de faire ta vie, tu as aussi un bel avenir devant toi , sans aucun reproche j'ai dit ces mots je vous soutiens, je vous félicite d'avoir pensé ainsi.

Après 2 semaines, c'est lorsque nous nous sommes rencontrés en personne et qu'elle m'a parlé de ses projets d'entrepreneuriat et de son émigration au Pérou avec son mari Franklin, 1 mois plus tard, c'est ainsi qu'ils sont partis à la recherche de nouvelles aventures et de désirs de s'améliorer, étant déjà un 21 -une femme d'un an à l'époque et mon beau-frère Francklin un visionnaire de 25 ans qui veut aussi aller de l'avant.

À la date de juillet, ils ont émigré, j'avais encore des projets de carrière, je restais toujours dans ma zone de confort, je devais aussi prendre une décision car la crise me limitait à grandir en tant que personne car cela m'affectait par le travail, les études, et je veux de meilleures choses et un meilleur avenir avec ma famille, qui m'a toujours soutenu dans toutes les questions d'entrepreneuriat et de développement personnel.

Même si j'aimais mon travail à la radio, dans la construction et ma carrière, fin 2017. J'ai dû émigrer au Pérou en bus, traverser 4 pays en 6 jours qui ont été des expériences extraordinaires, le changement qui se reflétait dans mon quelque chose d'incroyable puisque ce fut un succès total de parcourir 4 nations avec un plaisir total et la plus grande affection envers les Vénézuéliens, en arrivant à Lima, capitale du Pérou. Hay esta hermana junto a mi cuñado, no fue fácil para mi adaptarme a tantos cambios, porque, aunque ellos estaban hay en esperándome ellos eran pareja y necesitaban privacidad, por lo que yo tenía que buscar un alquiler y vivir solo, buscar otro trabajo y commencer à partir de zéro. Ce que j'ai le plus aimé, c'est qu'il apprenne de nouvelles tactiques, stratégies J'ai décidé de quitter ma chambre et de chercher du travail dans la capitale, c'est à ce moment-là que j'ai rencontré mon patron, un homme de plus de 40 ans propriétaire de 6 restaurants, sage avec beaucoup de caractère et expert en affaires, comme moi depuis Le garçon avait des aspirations pour aller de l'avant, élever sa famille, créer des entreprises et grandir émotionnellement et spirituellement. Il m'a donné un emploi de serveur dans l'un de ses restaurants à sa manière, ses employés leur ont appris beaucoup de choses en disant des phrases éloquentes et ont dit une phrase parmi tant d'autres que jusqu'au soleil aujourd'hui est resté gravé dans mon esprit

"<< Même pour économiser de l'argent, vous devez grandir >> »Wow. Il est facile à prononcer et très fort en même temps. L'homme avait absolument raison. Comme nous voulons atteindre la gloire si nous ne la proposons pas, nous devons mûrir, nous devons juste lire un peu plus, remercier Dieu pour un nouveau jour, être persistants dans nos objectifs pour atteindre nos objectifs.

À ce moment-là, l'année approchait et je vivais seul dans ma chambre, et pendant que je travaillais au restaurant et que j'effectuais mon travail, je pensais à quelque chose de plus grand, dans une meilleure position dans une meilleure position économique, alors je devais créer plusieurs projets mémorables pour obtenir plus de revenus économiques vers ma poche, c'est à ce moment-là que j'ai pensé à beaucoup de choses et surtout que je n'avais pas une bonne éducation financière, que je ne savais pas comment économiser de l'argent, comment créer des actifs même quand je dormais, et j'étais confus car qui allait lui demander conseil s'il n'avait pas d'amis ou de famille qui étudiaient l'économie, je me suis souvenu de mon patron M. Francisco et c'est alors que je suis allé sur un stand internet et j'ai regardé pour obtenir des informations dans les principaux livres d'économie tels que Google et YouTube,Puisqu'il y avait le véritable écran virtuel où le plus grand dossier d'informations a été trouvé et après avoir regardé des documentaires et des projets sur l'entrepreneuriat, il m'est venu à l'idée de faire un livre sont la vie des aigles à travers l'entrepreneuriat puisqu'ils ont une certaine ressemblance avec nous êtres humains en plus de cela ils représentent le signe de la majesté, de la victoire et de la force.

L'une des plus grandes influences qui m'ont rempli d'idées positives a été de me documenter sur les grands titans qui ont conduit le monde tel qu'ils étaient:

- ➤ **John David Rockefeller:** C'était un homme d'affaires, investisseur et industriel américain, qui travailla dans l'industrie pétrolière, atteignant le point de la monopoliser en 1870, fonda avec ses collaborateurs la «Standard Oil Company», la plus grande compagnie pétrolière des États-Unis.

- ➤ **Andrew Carnegie:** Le stagiaire et activiste qui a acheté la société «concurrente Homestead Steel Works», qui possédait une immense usine ainsi que l'approvisionnement en mines de charbon et de fer, une longue ligne de chemin de fer de 1892, n'a créé que la société «Carnegie Steel Company». L'empire de l'acier.

- ➤ **Cornelius Vanderbilt:** Le roi de l'industrie ferroviaire qui communiquait et transportait de lourdes charges dans une grande partie des États-Unis en 1860. Si Company s'appelait Vanderbilt, c'était la Accessory Transit Company Ferry Empire.

➢ **John Pierpont Morgan:** C'était un homme d'affaires, banquier et collectionneur d'art américain qui a dominé la finance d'entreprise et la consolidation industrielle de son époque. Ses activités incluent JP Morgan. Il a engagé Thomas Alva Edison pour lui présenter un projet innovant qui allait révolutionner le temps et TA Edison, je présente le projet de la société à courant continu DC << Edison General Electric et Thompson-Houston Electric >> pour former la «General Electric Company »En 1892.

➢ **Nicola Tesla:** Il était le créateur du courant alternatif alternatif dans les années 1880. C'était un brillant génie scientifique, l'ancien assistant scientifique Thomas Alva Edison, / Tesla était un excentrique dont les inventions permettaient aux systèmes de communication de masse d'atteindre le pouvoir. Tesla avait une mémoire eidétique, ce qui signifiait qu'il pouvait se rappeler des images et des objets très précisément. Cela lui a permis de visualiser avec précision des objets 3D et, par conséquent, il a pu construire des prototypes fonctionnels en utilisant peu de dessins préliminaires.

➢ **Henry Ford**: Le fondateur de la société commerciale «Ford Motor Company» et père des lignes de production modernes utilisées pour la production de masse d'automobiles en 1903. Il a promu la fabrication d'un grand nombre d'automobiles à bas prix tout au long de la chaîne de production.

Parmi les autres grands titans des grandes industries dont on se souviendra tout au long de l'histoire pour leurs grands exploits pour réussir et promouvoir le monde de la technologie. Je vous invite à regarder le documentaire Géants des grandes industries sur YouTube. Ce sera un bon début pour changer d'avis. Je le garantis, il y a 8 chapitres et cela dure environ 30 minutes chacun.

*Osez voler comme des aigles car la peur ne va pas loin.
Le succès peut être chassé depuis les hauteurs, sinon
vous apprendrez à voler comme des mouches.*

Numéro de règle 5.

Étudier un projet pendant un certain temps puis risquer de l'exécuter fait partie de la croissance, si vous tombez vous pouvez vous lever autant de fois que nécessaire pour trouver la chasse réussie. Mais si vous n'essayez pas, vous serez laissé avec le désir de savoir si à l'avenir vous pourrez le voir réussir ou non. Alors laissez la peur que tout ne doit pas être si parfait pour réaliser quelque chose, il s'agit simplement de risquer davantage et de laisser la peur bien rangée dans le tiroir.

Apprendre à décoller du nid, c'est mettre la peur de côté en se mettant au défi de faire de nouvelles choses sans avoir peur de ce qu'ils vont dire. Sortez de la zone de confort. "Entrez dans le personnage, croyez en vous. Ce n'est qu'alors que vous apprendrez à voler comme des aigles."

Chapitre 5.

Apprendre à décoller du nid.

Le processus d'apprentissage des aigles consiste à décoller du nid en apprenant à voler 3 mois après leur naissance, ces oiseaux cherchent à prendre leur envol en quittant leur zone de confort en se préparant à faire face à de nouveaux défis qui est un autre excellent test pour acquérir de l'expérience et de la résistance, c'est le message d'entrepreneuriat en s'analysant pour apprendre de nouvelles choses et dire le conformisme de côté, pour cela il faut trouver un moyen de décoller, il faut prendre quelque chose en compte la seule sécurité qui assure votre succès est la sécurité de croire en soi et en non un autre, sans hypocrisie, c'est comme ça en a l'air, pensez d'abord à vous-même, croyez en vous-même, vivez pour vous-même, combattez pour vous-même, car le succès n'est que pour vous.Seuls vous qui connaissiez le processus de lutte pour la victoire saurez combien d'efforts et de sacrifices valaient.

Les aigles sont sages, par nature, ils ont une grande mentalité de développement futur. Bien que cela semble offensant, le dicton "Entourez-vous d'aigles parce que ce monde est plein de mouches, est un concept basique et simple qui peut être interprété de plusieurs façons, comme les entrepreneurs sont souvent de jeunes aigles que nous sommes dans notre zone de confort qui peut être représenté comme un nid et c'est pourquoi nous devons apprendre à découvrir notre direction, nos horizons,

Dans ce processus, c'est lorsque nos mentors qui sont nos parents nous apprennent à voler pour nous débrouiller seuls, à partir du moment où nous sommes nés, nous apprenons à parler, à manger, à aller à l'école. Jusqu'à 16 ans. Dans beaucoup de cas.

Il est temps de voler haut, de rêver grand, de se regarder dans le miroir et de crier dessus, je ne vais pas abandonner si facilement, je ne vais pas abandonner si facilement, je peux avec ça, je peux avec tous les tests nécessaires pour avancer, car c'est une bataille de résistance et de lutte mentale les 20% restants sont émotionnels, il est donc temps de montrer de quoi vous êtes fait, de montrer quels sont vos buts, vos ambitions, aujourd'hui c'est le grand jour pour prouver.

Parce qu'aujourd'hui est le grand jour pour sortir du nid, "sortir de cette zone de confort" qui nous maintient spirituellement inactifs et nous enlève notre désir de vivre et de nous motiver.

Il est temps de croire en nous, il est temps de chercher à atteindre nos limites, il est temps de grandir spirituellement et émotionnellement pour atteindre nos objectifs et aller de l'avant, car si nous ne croyons pas en nous-mêmes, nous n'atteindrons pas nos objectifs de vie. Et il suffit de se rappeler que le temps presse, si nous traversons le cimetière, nous verrons une réalité cruelle et dure, qu'au-dessus de la tombe il y a une pierre tombale qui décrit le nom de la personne et (2) deux très importants dates auxquelles Ils sont le jour de la naissance et le jour où ladite personne est décédée, ces (2) deux dates représentent un message important qui dit que la vie est une,

Quand la réalité est que nos actions changent le monde en apportant notre grain de sable par le fait de devenir des êtres de motivation par notre foi et notre volonté infinie de faire arriver quelque chose dans ce monde si précieux et si beau que Dieu nous a donné.

Rappelons-nous que le temps presse pour que nous perdions notre temps à côté de ceux qui n'en valent pas la peine, à côté d'activités inutiles qui ne contribuent en rien au développement de l'humanité ou à notre propre développement. Notre temps a commencé à manquer depuis le jour de notre naissance. Alors ne le gaspillons pas à jouer avec les mauvaises personnes.

L'une des plus grandes influences pour votre croissance personnelle peut être votre famille ou même votre partenaire. Ils peuvent être l'un de vos meilleurs alliés. Dans un si grand projet d'entrepreneuriat et aussi simple que le projet de vie.

Un exemple simple est de vivre à deux: si vous devez vous soutenir jusqu'à ce que vous formiez une alliance d'affection mutuelle, pensez l'un à l'autre, jusqu'à ce que vous formiez une seule pensée et passez ensuite à l'étape suivante consistant à accorder le miracle de la vie, ce miracle être le plus petit moment de bonheur qui reflète tout ce sentiment et ce positivisme pour lesquels ils ont décidé d'entreprendre en tant que couples ne pensant qu'à un seul jusqu'à ce qu'ils veuillent le réaliser et se rendre compte que votre plus grand projet entrepreneurial est la famille. Et comme exemple vivant de ce que nous disons, ce sera de voir ce qui se reflète chez vos enfants. Dans vos racines, c'est l'un des efforts les plus précieux pour voir le côté positif de la vie.

Dans le dernier cas, votre partenaire ne s'avère pas être ce que vous attendiez. Parce que si on analyse quelque chose sur les petits amis, tout est beau. Pour la simple raison que la datation est l'art de tromper l'autre personne parce qu'on peut en venir à penser que tout sera parfait parce que personne ne jure, personne ne souffle un gaz, personne ne rots, personne ne dit du mal de personne, parce que cela ne compte que le bonheur qu'ils reflètent tous les deux à ce moment. Et puis le temps passe, ils décident de vivre avec cette personne ou d'essayer quelque chose et vous découvrez que votre Roméo, ou Votre Juliette n'était pas ce à quoi vous vous attendiez parce qu'ils sont déjà entrés en confiance et ont décidé de montrer leur vraie personnalité. Os "Sortez les griffes".

Au début, tout était beau, c'était le bonheur et l'harmonie, mais au fil du temps, vous vous rendez compte que vous êtes l'une des personnes qui aime faire du sport, étudier, lire, apprendre beaucoup de choses et vous aimez l'ordre et la propreté parce que c'est comme ça qu'elles vous a discipliné à la maison et, mais rien à cette personne que vous indiquez parce qu'ils le voient ennuyeux. Et vous essayez de changer vos habitudes pour cette personne. C'est là que la négativité vous influence.

"L'œil n'est pas une question de machisme, c'est une question d'attitude personnelle" c'est-à-dire de la personne qui le reflète, peu importe dans le sexe, ce qui compte c'est comment il agit, qu'il soit homme ou femme. Souvenons-nous de la règle numéro 3. Qui parlait de discipline parce qu'elle fait partie de l'entrepreneuriat et du succès.

Si nous n'étions pas prêts et ne nous organisions pas pour être plus responsables de nos engagements, nous n'allions jamais réaliser des actions positives. Cet exemple par paires s'applique à la règle actuelle et aux précédentes.

De la même manière, ne vous sentez pas mal à ce sujet si votre partenaire ne connaît pas vos projets petit à petit vous pouvez leur dire ou leur donner ce livre sous forme physique pour qu'ils comprennent un peu plus les idées visionnaires, rappelez-vous que les hommes font les femmes et les femmes font l'homme.

C'est alors que nous apprenons à décoller du nid en grandissant en nous-mêmes, en laissant la peur derrière nous, en mettant le désir d'apprendre chaque jour et en mettant en pratique en même temps les enseignements que nous obtenons en cours de route.

Un entrepreneur n'a pas besoin de limites pour atteindre ses objectifs.

Numéro de règle 6.

Si vous voulez réaliser vos rêves, concentrez-vous sur une base fixe afin de pouvoir chasser votre proie. Les aigles sont des oiseaux rapaces très intelligents, rapides et qui étudient les conditions de l'environnement qui les entoure sur des kilomètres ou autour d'eux afin de savoir à quel champ de bataille ils sont confrontés pour chasser leurs proies. En plus du fait que lorsqu'ils entrent sur un champ de bataille, ils sont les oiseaux les plus redoutés en raison de l'incroyable influence qu'ils exercent.

Chapitre 6.

Les aigles volent toujours haut.

Ces oiseaux ne descendent à terre que s'il est nécessaire à plusieurs reprises de chasser leur proie, alors ne baissez pas la garde même pour respirer, rappelez-vous que vous pouvez aller aussi loin que vos rêves vous le permettent.

De là, nous connaîtrons la valeur ajoutée du et l'effort de motivation fait à la personnalité. Comment le caractère du succès est créé avec ses propres efforts.

Ceux qui ne voient pas grand ne verront pas leurs rêves grandir, et encore moins pourront les survoler, rappelez-vous que si nous y réfléchissons, nous pouvons aller aussi loin que nos rêves nous le permettent.

N'abandonnez pas, allez, qu'attendez-vous, allez-y, allez-y, vous n'avez toujours pas donné le meilleur de vous-même. Vos rêves valent mille pensées d'autrui. Rappelez-vous que chaque tête est un monde et que ce monde ne peut coexister que si l'esprit est utilisé correctement pour donner de l'oxygène aux pensées.

Ceux qui vous jugent aujourd'hui. Ce ne sont que des juges médiocres qui se croient déterminer votre chance et pouvoir exiger votre volonté parce qu'ils croient mieux que vous et pensent que vous ne pourrez pas y parvenir.

Bien que Platon l'ait dit quand il a été inspiré par la phrase légendaire qui disait: "AIGLE NE CHASSE PAS LES VOLS", c'est la manière la plus illustrée de montrer que les personnes ayant de grandes responsabilités ne devraient pas s'engager dans de petites activités qui sont la responsabilité d'autres personnes.

Les Eagles sont obligés de réaliser de grands exploits pour trouver la chasse au succès sans perdre de temps.

Numéro de règle 7.

Concentrez-vous sur vos objectifs indépendamment des critiques ou de l'adversité qui vous entourent. Pour cela, vous devez être comme les aigles, il vous suffit de vous concentrer sur votre objectif, en éliminant complètement les distractions.

Tout dépend de l'ampleur de votre projet afin d'apprendre à chasser votre proie. Étudiez ce projet que vous voulez et aimez tant au cours d'un processus d'apprentissage établi. Tout comme les aigles à 40 ans effectuent un processus de renouvellement pendant 3 mois pour voler à nouveau, nous devons le faire, même si cela peut être de court à long terme. N'oubliez pas que la pratique rend parfait.

Chapitre 7.

Apprenez à chasser votre proie.

Renseignez-vous, informez-vous, pratiquez, faites confiance à vous-même, soyez optimiste et persévérant. Ce monde est fait pour se développer et grandir, ne pas attendre qu'un miracle se produise, si vous échouez 10 fois, essayez 20 fois de plus jusqu'à ce que vous atteigniez la perfection ou en soyez proche.

¡Quiconque s'approche d'un bon arbre, récolte de bons fruits!

Avez-vous déjà entendu le dicton, l'aigle n'attrape pas les mouches, c'est un dicton qui est inspiré par Platon. Qui était un grand philosophe, le dicton vient du latin. (Aquila non capit muscas). Ce qui traduit une signification très forte illustrant que les aigles sont des oiseaux très puissants, rapides et intelligents. Ils se consacrent uniquement à la chasse aux grandes proies et à la réalisation de grands objectifs.

Les aigles volent toujours haut, ils ne descendent au sol que pour chasser leur proie ou pour un objectif très fort pour que ce soit leur volonté de descendre des cieux, ce sont des oiseaux très rapaces et très intelligents. Le meilleur de tous est qu'ils partent à la conquête du monde depuis les hauteurs, et quand ils sortent dans la nature. Ils font peur aux petits animaux, car ils savent que s'ils ne réagissent pas, ils deviendront la proie.

Si vous voulez réaliser quelque chose, allez-y. Battez-vous pour cela si vous tombez mille fois, cela montre que vous pouvez vous relever dix mille fois.

Comment je peux le faire?:

> ➤ **Fixez-vous des objectifs à court et à long terme.**

L'essentiel serait de prendre un crayon et un papier pour pouvoir commencer à rédiger vos objectifs quotidiens, hebdomadaires, mensuels et même annuels. Puisque sans aucun but que nous proposons dans la vie et sans aucun effort pour réaliser nos rêves, nous serons perdus.

> ➤ **Adoptez de bonnes habitudes au quotidien.**

Ces habitudes sont les pierres angulaires du succès. Les personnes qui réussissent ont beaucoup de bonnes habitudes et peu de mauvaises. Et quelles habitudes considérons-nous bonnes?

Il s'agit notamment de regarder peu la télévision, de lire beaucoup, de s'entraîner continuellement, par exemple. Bref, ces habitudes sont le meilleur moyen d'apprendre des autres et d'éviter les erreurs que nous pourrions commettre.

> ➤ **fais du sport.**

La pratique de l'exercice fera de vous une personne plus énergique et en même temps plus productive. De plus, avec le sport, vous obtiendrez non seulement un meilleur physique et une plus grande estime de soi, mais vous serez également confronté à des situations plus difficiles que vous ne faisiez pas auparavant par peur.

➢ **Nourrissez votre âme, votre esprit et votre corps.**

Quand je dis que vous devez nourrir le corps, je veux dire que vous devez lui donner du plaisir, de la sécurité, le garder énergique et sûr si nécessaire afin d'obtenir des réponses plus positives.

Pour ce qui est de nourrir l'esprit et l'âme, ce n'est rien de plus que de s'entourer de gens qui mènent à des influences positives, comme j'aime les appeler. <LES GENS AVEC DES MILLIONS D'INFLUENCES AÉRIENNES> parce que ces gens nous donneront un million d'idées pour réussir. Gardez à l'esprit que de bonnes amitiés peuvent vous aider à atteindre vos objectifs plus rapidement; De plus, nous devons faire ce que nous aimons vraiment et consacrer notre temps à des choses qui nous rendent vraiment heureux.

➢ **De temps en temps, nous devons nous accorder un repos bien mérité.**

Les gens qui croient que se reposer n'est pas productif sont moins productifs parce que vous devez savoir comment vous arrêter lorsque votre esprit est épuisé. Idéalement, trouvez un équilibre entre le travail et le repos pour augmenter votre productivité. Sinon, notre performance dans les activités que nous entreprenons diminuera, car l'esprit contrôle le corps et le corps lui-même et se manifeste par des idées.

➢   **Planifiez et établissez des priorités.**

Ne partez pas pour demain ce que vous pouvez faire aujourd'hui. Faites une liste des choses que vous devez faire et faites les plus importantes, ne passez pas à l'activité suivante sans avoir terminé la précédente, poursuivez votre objectif jusqu'à ce que vous l'atteigniez, quel qu'en soit le coût. Et fixez des délais pour terminer la tâche.

➢   **Gérer l'argent.**

Une fois au restaurant, j'ai entendu mon patron dire lors d'une réunion de travail que même pour mûrir, il faut apprendre à économiser de l'argent. C'était une phrase très simple, mais jusqu'au soleil d'aujourd'hui, cela a eu un impact sur mon esprit car cela m'a permis de comprendre que lorsque vous démarrez une entreprise ou un projet, vous pouvez mesurer votre degré de maturité professionnelle en prenant des décisions en sachant ce que c'est. y parvenir, et l'un de ces objectifs est de savoir comment gérer vos idées pour utiliser les ressources, car l'argent est un outil nécessaire pour réaliser vos rêves.

La solution de base est donc de changer notre mentalité de consommateur en une mentalité en vue d'investir dans l'avenir. Parce que dépenser de l'argent à bon escient vous permettra de grandir en tant que personne et d'inclure votre entreprise.

> ## Connaissez vos forces.

Nous avons tous des forces et des faiblesses, ou des défauts et des vertus. Pour réussir, il est essentiel de renforcer les forces que nous avons tous, et que nous cachons parfois, pour nous améliorer et ne pas avoir autant de faiblesses qui nous limitent à réaliser notre objectif de vie.

> ## Améliorez vos capacités.

Concentrez-vous sur la façon dont vous pouvez vous améliorer et être meilleur que vous ne l'êtes déjà. Pour y parvenir, concentrez-vous sur l'obtention de la formule pour être la meilleure personne dans les 30 prochains jours, n'oubliez pas de prendre un crayon et un cahier pour noter vos idées si vous avez une vision claire de ce que vous voulez pour votre avenir.

Tu ne me crois pas, imagine que tu prends un crayon et que ce sera le temps qu'il te restera d'écrire ce qui se passera dans le livre de ta vie et qu'à chaque fois que ça se terminera ce sera le temps que tu vas manquer , la différence ici est que vous décidez comment passer votre temps et votre vie.

Faisons un autre exercice de réflexion et pensons un instant que votre vie est une boîte de feuilles vierges et que chaque jour qui commence est une feuille blanche dans laquelle nous décidons comment remplir cette feuille, s'il faut lui placer un titre passionnant, s'il faut écrivez notre avenir ou laissez les autres venir écrire ce qui s'est passé dans nos vies. Maintenant, ce que je dis a du sens ou n'a pas de sens.

Chaque jour qui passe est une page vécue et au fil des années, vous saurez quel a été le chapitre le plus passionnant de votre vie, ou vous saurez combien votre temps valait dans votre projet de vie.

> **Visualisez-vous. << Apprenez à vous connaître >>.**

Améliorez l'image que vous avez de vous-même et du monde qui vous entoure afin que vos objectifs évoluent vers des objectifs plus élevés. Les gens ont tendance à avoir des pensées pessimistes comme «je ne suis pas assez bon pour ça» ou «je n'en suis pas capable». Ces pensées nous limitent et nous découragent, mais franchement ce ne sont pas ces perceptions qui vous limitent, en fait, cela peut être changé pour le mieux, mais ce qui vous limite, c'est la façon dont vous vous percevez et ceux qui vous entourent. Un bon exercice pour me visualiser tel que je veux est de l'écrire et de visualiser la façon dont j'agirai dans les moments les plus difficiles. En répétant ce processus, peu à peu ces pensées deviendront réalité.

La pauvreté est dans l'esprit, pas dans le portefeuille, pas dans un compte bancaire.

Par conséquent, si vous voulez réussir, étudiez l'environnement dans lequel vous vous trouvez beaucoup et, surtout, étudiez très bien les personnes avec lesquelles vous vous entourez. Puisque beaucoup d'entre eux souffrent du syndrome CRONOS.

Numéro de règle 8.

S'entourer de personnes négatives n'ajoute rien à vos projets futurs. Dans ce cas, si la phrase s'applique, dites-moi avec qui vous êtes pour que je puisse vous dire qui vous êtes. Aigle ou mouche?

Le négativisme ne fait pas partie de l'entrepreneuriat avec lequel vous allez seulement faire "rétrécir" votre cerveau, c'est-à-dire que vous serez étonné par les idées. Puisque les personnes négatives vivent de commérages, de problèmes, de désordre, de mauvaise vie et, surtout, elles endommagent tout ce qu'elles touchent.

Chapitre 8.

Comment vous entourer de misère affecte-t-il votre avenir?

Les voleurs de rêves sont ces personnes qui vous jugent, vous critiquent, vous envient, parlent du mal de vous et ne vous offrent jamais quelque chose de bon pour grandir en tant que personne, car ils aiment seulement intimider et menacer. Mais vous vous souvenez que l'ignorance n'a pas de limites et que cette <INFLUENCE NÉGATIVE> est une alliée des voleurs de rêves.

Si vous voulez vraiment réussir, ne vous arrêtez pas et travaillez sur ce projet dont vous rêvez tant, allons-y, vous savez comment vous pouvez y parvenir, travaillez en silence, ne parlez de vos projets à personne, sauf si c'est vous-même se regarder dans un miroir et refléter ses propres idées dans un crayon et un cahier. Si vous parlez de vos projets aux gens que s'ils connaissent les limites et vivent dans la zone de confort, vous ne pourrez vous arrêter que parce qu'ils vous diront que cela ne fonctionnera pas et que vous feriez mieux de vous consacrer à la recherche d'un emploi. Qu'il vaut mieux grandir et ne pas penser à des choses stupides, alors qu'ils ne savent même pas les choses stupides qu'ils disent parce qu'ils se limitent et vivent comme des esclaves obligés de suivre les mêmes routines tous les jours.

Sortir du lit, faire la vaisselle, aller au travail, laisser les autres décider quoi faire de leur temps pendant 12 heures par jour presque tous les jours, puis rentrer à la maison pour se préparer à manger, se laver à nouveau et dormir. Et c'est comme ça que la vie se passe, si cela peut s'appeler la vie esclave du système, tout cela juste pour obtenir un minimum d'argent et être en mesure de couvrir leurs dépenses de base jusqu'à ce que ce soit fini, puis de revenir à la même routine.

Si vous le savez déjà, demandez-vous en vous regardant dans le miroir, qu'attendez-vous? Il est temps de montrer à toutes ces personnes qui ne croyaient pas en vous que vous pouvez faire plus qu'elles ne l'imaginent, car elles vous sous-estiment mais elles ne le sont pas au-delà de la réalité, et cette réalité est que vous vous nourrissez de toute cette négativité pour avancer, puisque cette négativité fait partie du carburant dont vous aviez besoin pour avancer, que vous n'aviez besoin que d'une motivation, quelqu'un qui vous mettrait au défi pour pouvoir aller plus loin que vous ne le pensez.

Car si nous commençons à croire les paroles d'autres personnes qui ne nous voient qu'avec des critiques destructrices ou nous jugent par nos apparences sans même nous connaître, il y aurait le vrai problème. Ce serait le manque de prise de décision et de critères propres. Pour que les choses soient faites. Demandez-vous quelque chose que vous allez faire attention à une personne qui vit sa vie en critiquant les autres, si vous le souhaitez, vous pouvez le prendre à cœur et en faire des gens et vous ennuyer au point que vous vous sentez disséqué de la vocation que vous souhaitez exercer. . Jetez un œil à son profil et vous vous rendrez compte si sa vie est plus misérable que votre vie. C'est une phrase étoilée, mais c'est la vérité parce que vous faites attention à une personne qui est en dessous de vos aspirations personnelles et qui vit en se plaignant tout le temps.

Je ne vois pas la blague. Cela ne me fait pas rire, personnellement je regarde bien qui est cette personne et si elle ne me représente rien, je l'envoie fermer la bouche immédiatement, pour leur montrer qu'elle n'a aucun pouvoir sur moi et que leurs opinions ne valent rien à ce moment-là.

Puisque leur vie est plus misérable et qu'ils la passent à critiquer d'autres personnes qui veulent vraiment aller de l'avant, c'est-à-dire peut-être que les vieux potins ou le cadeau négatif de M. font partie de vos réalisations, de votre air, de votre quotidien. Quant à vous de faire attention à eux.

Ce ne sont pas eux qui viennent vous couper les ailes et décider de votre chance Le fait qu'ils n'aient pas osé devenir entrepreneurs ne signifie pas que vous ne pouvez pas atteindre vos objectifs.

Ma mère enfant me l'a dit, avec des gens comme ça autour de toi, ils n'arrivent qu'à retarder l'avenir d'un pays. Et cela ressemble à une blague, mais c'est quelque chose de métaphorique et de réel, ma mère l'a dit parce qu'elle était une femme d'affaires, elle et ma famille avaient des marchands de légumes et ils récoltaient les fruits de la terre. En fin; La réflexion ressemble à ce que des personnes comme celle-ci ne recherchent qu'un moyen de vous déconcentrer parce qu'elles n'ont pas d'objectif clair pour réaliser leur objectif de vie et qu'elles déconcentrent ceux qui veulent rechercher leur but dans la vie ou se poser les questions suivantes.

Peut-être Thomas Alva Edison aurait-il été encouragé à créer plus d'un millier d'inventions qui révolutionneraient le monde, parmi lesquelles l'ampoule électrique, le microphone au carbone, les batteries nickel-fer, le véhicule électrique, le kinétoscope, le phonographe se démarquent. Miméographe, dictaphone, système de distribution d'électricité, entre autres en utilisant uniquement la théorie du courant continu continu. Entre autres.

John David Rockefeller: Il aurait été encouragé à créer Standard Oil. En tant que plus grande industrie pétrolière aux États-Unis, elle manipule 95% du brut. Jusqu'à découvrir le potentiel qu'il avait.

Andrew Carnegie: Cela aurait stimulé l'industrie sidérurgique ou aurait créé Carnegie Hall. Entre autres grands génies, gardez simplement votre calme et entourez-vous de personnes positives qui vous aident à grandir ou à sortir avec des gens qui se moquent de tout ce qui se passe dans la vie pour toute stupidité, rappelez-vous que l'étude humaine n'a pas de limites.

Les influences négatives ne vous permettent pas de vous développer en tant qu'entrepreneur. Ils ne recherchent que les stratégies nécessaires pour couper vos ailes.

Faites des erreurs autant de fois que nécessaire pour atteindre votre objectif si vous tombez 10 fois, foncez vers votre réussite, essayez encore 20 fois si nécessaire, mais voyez pour cela que la peur ne va pas loin.

Numéro de règle 9.

S'entourer de personnes toxiques et négatives n'aide pas du tout votre avenir, vous n'attirez que de mauvaises influences dans votre vie jusqu'à ce que vous deveniez l'un des nombreux. Si vous êtes de ceux qui croient qu'étudier beaucoup dans la vie vous fera du bien, tôt ou tard, vous échouerez avec cette théorie. Alors souvenez-vous de ceci. Vous n'êtes pas ce que vous étudiez, vous êtes ce que vous réfléchissez en tant que personne si vous êtes problématique, vous n'attirerez que les problèmes. Si vous êtes la joie, la joie que vous allez attirer dans votre vie. Tout est relatif jusqu'à ce qu'il soit contagieux chez les gens qui vous entourent.

Imaginez maintenant être présent dans un endroit où vous devez partager avec des personnes négatives, qu'il s'agisse de voleurs, de toxicomanes, de commérages. Corrompu. Pour un an. Que pensez-vous que vous allez apprendre? Si le cerveau est une éponge qui absorbe et traite les informations que nous lui envoyons à travers nos pensées, c'est pourquoi ce sont les comparaisons entre un aigle et une mouche. Ce sont les mêmes comparaisons d'un guerrier infatigable qui lutte pour réaliser ses rêves et d'une personne négative qui se plaint de tout dans la vie et qui voit tout comme un jeu jusqu'à ce qu'elle donne de mauvais exemples.

Chapitre 9.

Apprendre de mes erreurs.
Prendre son envol pour ne pas être juste une autre mouche.

Au cours de ma formation d'entrepreneur, j'ai appris à être curieux et à me battre pour mes rêves à tout prix, à tel point que je n'ai pas abandonné la route, même si cela devenait de plus en plus difficile et c'était le plus chose passionnante, que lorsque vous êtes une personne concentrée sur ce que vous voulez réaliser, vous êtes prêt à apprendre même si cela implique d'apprendre de vos erreurs, la leçon que ce sujet laisse est que les entrepreneurs sont des personnes avec une grande curiosité d'apprendre des choses , même s'ils font des erreurs en cours de route, il est normal de faire des erreurs même si personne n'aime perdre de temps à atteindre l'objectif à chaque fois qu'ils se fixent un objectif, malheureusement les choses ne sont pas comme ça, tout est une question de pratique pour gagner de l'expérience et ainsi grandir en tant que peuple et développer les compétences qui nous aideront à grandir.

Nous avons tous entendu le vieil adage selon lequel «vous apprenez de vos erreurs», mais les essais et les erreurs font vraiment partie du développement de votre cerveau et de vos compétences.

Maintenant je vous invite à penser un instant que vous êtes bébé et que vous apprenez à marcher, à développer cette habileté motrice dont vous avez besoin pour exercer vos jambes pendant plusieurs séances, jour et nuit, jour et nuit, jour et nuit et ainsi de suite. jusqu'à ce que vous y parveniez et ce sera une nouvelle expérience, lorsque vous voudrez apprendre à parler vous ferez une erreur en prononçant quelques mots car vous avez besoin de pratiquer suffisamment pour y arriver.

Ce sera un processus de plusieurs mois ou années, qui dépend uniquement et exclusivement de vous, et de personne d'autre, vous devez donc être persévérant, peu importe qui est autour de vous et veut se moquer de vous.

Nos erreurs peuvent nous libérer de poursuivre nos objectifs et d'apprendre d'eux, l'ancien président des États-Unis dans la décennie de (1901-1909). Theodore Roosevelt a dit un jour: "Le seul homme qui ne fait pas d'erreurs est celui qui ne fait jamais rien."

Wow!

Une autre phrase choquante, ils ont bien compris, ils ont interprété ce que Theodore Roosevelt voulait dire par cette phrase. En théorie, il a dit que pour apprendre de nos erreurs, il était utile d'avoir le sentiment mental que nous pouvons grandir ou la conviction que l'intelligence est quelque chose sur lequel nous pouvons travailler et développer. C'est en quoi consistent les essais et les erreurs.

Il suffit de croire en nous-mêmes, car si nous commençons à croire aux paroles d'autres personnes qui ne nous voient qu'avec les yeux de l'envie et de la négativité de la vie, la critique destructrice augmentera car ils ne nous jugent que par nos propres apparences sans même se connaître.

Si nous écoutons les personnes négatives, il y a si le vrai problème serait.

Le problème serait le manque de prise de décision, le manque de critères propres. Pour mener à bien les activités.

Allez, demandez-vous quelque chose!

 Si vous avez tout le désir de grandir, vous écouteriez une personne qui vit sa vie critiquer les autres si sa vie est plus misérable que celle des personnes qu'il critique. Autrement dit, peut-être que les vieux potins ou le négativisme de M. Don font partie de vos réalisations, peut-être font-ils partie de votre air, Pour que vous y prêtiez attention.

Ce ne sont pas eux qui viennent vous couper les ailes. Le fait qu'ils n'aient pas été encouragés à entreprendre ne signifie pas que vous ne le pouvez pas.

 Vous savez que, s'il est frustrant et ridicule de voir des professionnels travailler pour un salaire minimum alors qu'ils sont formés pour faire mieux, et ainsi ils veulent qu'un pays avance, étant conformistes, étudiant une carrière pendant 5 ans et finissent par travailler autre chose que ce qu'ils ont étudié, de sorte qu'ils ne grandiront jamais en tant que personnes, et leur pays ne grandira pas non plus.

 Nous revenons donc à la même chose, nous sommes désolés d'être des entrepreneurs et d'essayer de réaliser nos rêves, mais nous ne sommes pas désolés de travailler pour un salaire minimum. La vérité n'est pas drôle.

N'oubliez pas que les personnes négatives et toxiques sont celles qui n'émanent que des problèmes, des potins, du négativisme, donc cela ne vous a pas guidé pour atteindre vos objectifs. Au contraire, cela ne fera que vous influencer pour que vous finissiez par atterrir et faire partie du groupe.

Cela ne représente que les pensées d'envie montrant qu'ils souffrent d'une phobie appelée syndrome «CRONOS». Autrement dit, ils ont une phobie que vous surmontez vous-même parce que vous pouvez les déplacer. Juste comme ça, pensez plus à vous-même, aimez-vous, aimez-vous, prenez soin de vous. Comme dit le proverbe.

"Personne ne veut voir un joli sourire sur le visage de quelqu'un d'autre."

Dans cette vie, vous allez rencontrer de nombreuses personnes avec ces caractéristiques avec la phobie que vous surmontez vous-même.

Dans mes expériences pour apprendre de mes erreurs, je me souviens que lors de ma formation en tant qu'entrepreneur j'ai aidé de nombreuses personnes à sortir de la crise dans mon pays, j'ai aidé de nombreuses personnes à atteindre leurs objectifs en leur offrant des conseils, dont certaines j'ai accueillies dans ma chambre louée "Cela est dû au fait que ce sont des amis proches et de la famille" et ils n'ont pas apprécié cette amitié qui était sincère. Du tout cela ne les dérange pas de salir et de piétiner cette amitié pour aller plus loin que moi, me piétiner et se vendre au plus offrant comme les pharisiens.

C'était faux, qu'ils se moquent de moi parce qu'ils ne m'approcheront que dans le but de profiter de quelque chose ou de voler des idées à un projet qu'ils utiliseraient sûrement plus tard pour leur propre bénéfice. Voler mes idées. Ce sont les mouches dont je parle et non par dépit, même si cela semble.

Mais pour le fait de montrer cela, même s'ils essaient de vous éclipser tôt ou tard, vous brillerez comme l'aigle que vous planez vers le ciel de la victoire à la recherche du succès d'en haut.

Ceux qui n'ont pas commis d'erreurs n'auront jamais d'expérience pour commenter l'échec des autres, rappelez-vous que "on apprend de ses erreurs". C'est ainsi que se développent notre cerveau et nos capacités.

Numéro de règle 10.

Détendons-nous un moment et réfléchissons à notre avenir.

La solitude ne fait pas toujours partie de la négativité. Elle peut être notre meilleure alliée ou conseillère dans les moments les plus difficiles. Il suffit de trouver la paix intérieure en pensant un instant à notre nouveau projet de vie ou plutôt à quelle sera notre prochaine action pour atteindre les sommets.

Comme le disait René Descartes, appelé aussi "Renatus Cartesius", il était un philosophe, mathématicien et physicien français né au XVIe siècle en Suède, qui disait "COGITO ERGO SUM". Ce qui signifie en latin "PENSEZ ALORS SUCCÈS". Ce sera un bon moment pour penser et réfléchir pour mettre de côté les mauvaises énergies. "C'est là que vous terminez un cycle négatif et commencez par un processus de renouvellement.

Chapitre 10.

La solitude de l'aigle, apprenant à réfléchir dans le silence.

La solitude dans nos vies présente souvent une belle opportunité de trouver cette paix intérieure dont nous avons besoin, c'est cette paix dont le calme envahit notre corps et notre esprit.

Rappelons-nous que de cette manière nous pouvons nous concentrer sur ce projet de vie important qui nous motive toujours, mais que nous partons jusqu'à demain car les zones de la zone de confort sont plus importantes pour penser un instant à notre avenir.

Ce projet sur lequel nous devons nous concentrer désormais sera, nous étudier.

Étudiez notre environnement, les choses qui nous entourent et les gens avec qui nous sortons. Plusieurs fois, nous prenons le sens du mot solitude dans le mauvais sens, car pour l'esprit commun, vous confondez la solitude avec le vide spirituel, émotionnel et même physique, car cela est considéré comme une frustration.

C'est quelque chose de totalement négatif pour notre esprit parce que nous avons tendance à penser que nous n'avons rien réalisé de positif avec nos vies et que nous ne voyons pas de progrès et que nous n'avons personne avec qui nous soutenir en ces temps difficiles. Comme un partenaire, des enfants, des amis, des frères et sœurs.

Qu'est-ce que vous oubliez que vous avez vous-même?

Regardons-nous dans un miroir, vous verrez que vous n'êtes pas seul, vous êtes votre plus grande compagnie, parce que vous êtes votre propre professeur et élève dans ce moment de tranquillité et de réflexion.

Comment ça, Edbert?

Vous savez, je vous dis quelque chose mon cher ami, souvent nous prenons des représailles négatives dans cette situation, comme pleurer, crier, abaisser notre estime de soi, négliger notre santé ou avoir honte de nous-mêmes.

Parce que?

Si nous sommes seuls parce que nous sommes insouciants, nous sommes seuls parce que nous voulons être dans la tranquillité. Je l'ai dit une fois et je le répète encore, quiconque s'appuie contre un bon arbre récolte de bons fruits.

Profitons de ces moments de solitude pour réfléchir et savoir ce que nous faisons de mal, dans lequel nous devons nous améliorer pour nous développer et grandir en tant que personne, si c'est dans nos plans de créer de nouvelles habitudes, nous devons les mettre en pratique afin que ils sont accomplis. Exemple nous voulons améliorer la silhouette, nous devons apprendre à manger un peu plus de sac au fur et à mesure que nous le mettons en pratique ils enquêtent sur ce qui est bon et ce qui est mauvais pour notre alimentation et surtout pour savoir combien nous pouvons manger pour équilibrer notre alimentation.

Nous voulons nous voir en bonne forme, nous devons apprendre à faire des exercices, nous devons habituer notre corps aux routines en général, rappelons-nous que nous apprenons des erreurs et que si nous ne faisons rien pour changer notre mode de vie pour quelque chose de plus direct au futur nous ne ferons que la même pratique jour et nuit fait l'expert, rappelez-vous que la discipline bat le talent quand elle n'essaie pas de se maintenir alors ne vous arrêtez pas, si vous abandonnez aujourd'hui, vous plaignez de l'avenir demain

Alors ne dis pas qu'ils ne t'ont pas dit!

Si vous ne vous battez pas pour changer votre avenir, ne vous plaignez pas des échecs du présent. Malgré la solitude, vous devez vous souvenir de quelque chose sans douleur, il n'y a aucun gain. Faites de votre mieux, donnez tout, faites de votre mieux, n'abandonnez pas, n'abandonnez pas. Vous ne pouvez pas aller loin avec la peur. Faites de votre mieux, donnez le meilleur de vous-même, peu importe comment vous vous trouvez, rappelez-vous que si vous vous concentrez, vous pouvez créer votre propre chance et attirer ceux qui sont nécessaires à votre destination.

Le grand philosophe, mathématicien et physicien français, René Descartes, qui est considéré comme le père de la géométrie analytique et de la philosophie moderne, disait parmi ses phrases célèbres «Cogito Ergo Sum» Ce qu'il traduit en latin (JE PENSE, PUIS J'EXISTE ').

Cette phrase signifie beaucoup pour une personne qui veut vraiment s'améliorer, nous ferions mieux de penser à ce que nous allons dire pour que nos mots n'affectent pas notre avenir, si vous m'excusez je vais prendre cette phrase du grand Robert Kiyosaki, qui dit dans son livre riche père père Pauvre que nos paroles servent à nous tirer parti, car cela dépend de ce que nous disons sera comment la vie se déroulera, tout est relatif si vous êtes sûr que vous attirerez cette richesse qui est dans l'âme , Je parle de cette richesse qui nous fait grandir en tant que personne, étant charismatique et agréable chaque fois que nous arrivons à un endroit. Notre présence sera unique, nos pensées et nos valeurs aussi.

Être plus fort, ce n'est pas seulement développer des muscles, c'est aussi être plus persévérant dans ses combats, cette persévérance vous aidera à gagner plus de résistance pour obtenir de meilleurs résultats et forger un meilleur moulage dans votre corps.

Numéro de règle 11.

Si nous voulons changer quelque chose sur nous-mêmes, nous allons nous assurer que c'est notre façon de penser ou d'agir. Puisque cela définira qui nous sommes en tant que personne et quel est notre but dans la vie. Ce n'est qu'ainsi que vous labourerez fort en vous faisant face. Faire face à vos peurs, créer de nouveaux défis. Si vous voulez que les changements physiques soient remarqués, vous devez vous sacrifier et donner le meilleur de vous-même.

Avec peur tu n'iras pas loin, tu dois apprendre à te battre pour ce que tu veux ce ne sera pas facile, si tu vois une personne dans la rue avec de gros muscles et un bon corps, tu penseras que dans un mois je peut tonifier et façonner son corps, mais si vous décidez de vous sacrifier pour mener un style de vie similaire à cette personne et de vous entraîner dans une salle de sport, vous vous rendrez compte que le sacrifice et la discipline font partie de la croissance mentale et physique.

Chapitre 11.

Sans douleur, il n'y a pas de gain.
Nous devons nous préparer au
changement.

Malgré les doutes et les mauvais moments que nous pouvons traverser en entreprenant un projet, nous devons avancer et continuer à nous battre pour que ce rêve devienne réalité, ce rêve aspiré, ce sacrifice pour lequel nous sommes prêts à tout donner, pour tout., jusqu'à ce que les résultats escomptés soient atteints. Ou plutôt tout donner pour que tout se réalise pour réaliser ce rêve qui nous a motivé à croire en nous et à être des entrepreneurs visionnaires.

Tout n'est pas rose!

Regardons les choses en face, plusieurs fois, il peut nous arriver que lorsque nous développons notre projet à mi-chemin, nous pouvons être confrontés à ce doute qui crée une incertitude qui nous laissera sûrement une question importante que beaucoup d'entre nous se posent lors du démarrage du projet de vie. et c'est parce que diable on se lance dans cette activité, ou plutôt ce qui nous a conduit à réaliser cette idée théorique pour la mettre en pratique.

Il peut passer!

 Il suffit de s'asseoir pour réfléchir et réfléchir à notre objectif de vie et parce que nous voulons l'atteindre, qui aiderions-nous lors de la réalisation de cette activité, comme nous l'avons déjà dit, nous devons apprendre à décoller du nid et se fixer des objectifs élevés de petits objectifs quotidiens, sans abandonner, être des lâches et jeter l'éponge, nous ne pourrons pas changer notre avenir pour le meilleur ou celui de notre famille qui est l'un des piliers fondamentaux pour avancer, mais comment nous le serons si nous nous rendons si facilement.

Les doutes peuvent servir à refléter ou à nous faire changer cette idée pour le meilleur ou pour le pire dépend de l'attitude avec laquelle vous vous préparez mentalement.

 Malgré les mauvais moments, nous devons avancer et nous lever pour continuer à nous battre, attendons, il n'est pas temps d'abandonner, nous montrerons au monde de quoi nous sommes faits et continuerons à atteindre nos objectifs, si c'était si facile nous le ferions tous réussiront et il n'y aurait pas autant de différence entre les personnes qui veulent aller de l'avant en dépassant les limites et laisser une marque indélébile à travers l'histoire et les personnes qui veulent réaliser les choses faciles sans rien faire en retour, et c'est pourquoi cela ce n'est pas du pauvre, de la peur, d'être conformiste, il ne suffit pas de penser aux idées, il faut les breveter, et si on échoue ce n'est pas synonyme d'être mauvais, c'est-à-dire d'apprendre par l'expérience.

Si vous qui entreprenez une entreprise, un projet de vie ou un stage pour devenir professionnel avez peur de vous tromper lorsque vous apprenez alors vous avez peur du succès.

Nous devons nous rappeler quelque chose de très important No Pain No Gain. Faites de votre mieux, faites de votre mieux, n'abandonnez pas, n'abandonnez pas. Donnez le meilleur de vous-même, donnez le meilleur mille fois, imaginez que vous êtes un soldat et que vous êtes recruté pour une mission spéciale où vous seul êtes qualifié comme la personne la plus forte et la plus expérimentée pour y parvenir, et que si vous échouez, vous ne le faites pas. il faut avoir honte si personne n'est parfait, dans la prochaine mission vous ferez mieux car je suis sûr que tôt ou tard vous y parviendrez.

Ce n'est qu'alors que vous vous rendrez plus fort même à l'intérieur de nous avons ce sentiment de culpabilité, ou ce petit doute où nous nous demanderons à quel point je suis fort pour résister à cette bataille.

<u>Imaginons que nous soyons à nouveau des enfants.</u>

Et nous partons en excursion avec notre famille et nos amis à la plage, et nous ne savons pas nager, qui n'était pas un enfant qu'ils nous ont emmenés à la plage comme enfants et c'était impressionnant de voir l'immense quantité de arroser autour de nous et leur donner quelque chose d'effrayant Pour un moment où l'on pense que l'on peut se noyer, c'est morbide, c'est quelque chose d'étrange car ça nous fait peur, mais on est excité de découvrir si on ne peut pas se baigner sur la plage sans se noyer.

Imaginons maintenant que nous sommes sur la plage et que nous voulons apprendre à nager, nous nous sommes noyés dans la première tentative, cette peur qui traverse notre corps est un signal d'alerte qui va avertir notre cerveau que nous sommes en danger et que nous devons l'activer les mécanismes de défense, c'est-à-dire la peur, ce mécanisme qui nous empêche d'avancer vers notre objectif et de l'atteindre. Jusqu'à ce que cette sensation de paralysie attaque notre corps et que nous disions non, non, je ne veux pas le risquer, j'ai très peur, il pourrait m'arriver quelque chose de mal c'est pour les autres qu'ils prennent des risques, je ne m'en irais pas.

Soudain, un parent plus âgé arrive, ou mieux dit avec plus d'expérience et nous dit calmement, il est normal de ressentir de la peur, c'est le mécanisme de défense de votre corps, le mal est de rester avec lui et de ne rien faire pour grandir et nourrir vos peurs pour qu'il grandisse plus que toi, c'est la mauvaise chose, viens je t'aiderai rien de mal ne t'arrivera, allons allons nager.

A ce moment-là, nous allons nager pour la deuxième fois, mais cette fois ils nous apprennent pour que nous puissions entreprendre avec plus de courage de tout donner pour tout. Et nous avons pratiqué toute la journée jusqu'à ce que nous y parvenions, bien que nous ayons commencé avec la peur, le corps serait surpris de l'atteindre, en n'échouant pas cette fois, en essayant et en n'échouant pas c'était un processus de changement et en apprenant des expériences acquises, il ce n'était pas facile mais nous y sommes parvenus à tel point que nous ne voulons plus sortir de l'eau car nous pensons être des poissons, cette expérience sera une anecdote qui restera avec nous et que nous n'oublierons jamais, depuis quand nous quitter la plage et rentrer chez nous nous aurons de nombreuses histoires à raconter et des anecdotes qui nous feront réfléchir pour ne pas abandonner si facilement

À tel point que la prochaine fois que nous retournerons à la plage, nous pourrons regarder la mer en sachant qu'elle est plus grande que nous et nous pouvons nous y plonger, car déjà dans le passé nous avons acquis cette confiance en nous qui permet nous pour dominer nos peurs, et il y a a Nous dirons que cela valait notre sacrifice.

Mon témoignage: et ça vous paralyse mais j'ai dû prendre une décision et me lever du sol pour continuer mon chemin tout endolori, mais je n'avais toujours pas le choix, mon corps tremblait encore je devais aller de l'avant et me tester à nouveau pour gagner celui-là à nouveau confiance que j'ai perdue quand j'ai eu un accident, ce moment j'ai appris de mes erreurs, bien sûr je n'oublie plus comment ralentir. Vous apprenez également de la douleur et croyez-moi beaucoup.

Les gens qui veulent vraiment s'améliorer et aller de l'avant sont ceux qui acceptent les changements internes comme un test de plus pour grandir et se prouver qu'ils sont capables de le faire pour y parvenir.

Après cela, les changements externes seront vus, n'oubliez pas ce que nous réfléchissons à nous-mêmes est l'énergie que les gens autour de nous recevront.

Numéro de règle 12.

Plusieurs fois, il est bon de se mettre à l'abri pendant un moment pour pouvoir avancer et renouveler notre répertoire. / renouveler l'ensemble des vêtements dans le placard, donner le meilleur de nous-mêmes avec un autre aspect, faire de l'exercice, faire du jogging, aller à la gym, découvrir d'autres cultures, lire un bon livre.

Pour se concentrer ensuite sur les changements externes, ceux qui seront remarqués à partir de votre essence de base, c'est-à-dire ce que vous réfléchissez en tant que personne. À ce moment-là, non seulement votre perspective change, mais aussi «votre mentalité change et vous commencerez à voir les vrais changements de look.

Apprenez à décoller de votre zone de confort de la meilleure façon possible.

Chapitre 12.

Processus de renouvellement d'Eagle, La naissance d'un (A) guerrier (A).

Tout cela sera un chapitre du livre de nos vies, les gens doivent se souvenir de nous pour nos exploits pas pour nos peurs que nous ne pouvions pas vendre, il vaut mieux vivre en guerrier et se battre pour réaliser nos rêves pour savourer la gloire que pour vivre dans la pauvreté mentale et pire encore la pauvreté transitoire en restant les mains liées à ne rien faire.

Encore une fois, je vous demande de quoi nous avons peur?

Nous devons réaliser notre objectif de vie pour que tout le monde sache ce que nous avons fait, ils connaîtront nos exploits!

Ce n'est pas mal de bien paraître au monde et d'attirer l'attention avec ce changement d'apparence extérieure, mais avouons-le, les apparences physiques ne vous aident pas à être une meilleure personne qui ne vous donnera de crédibilité qu'avec quelques personnes pour vendre votre image au plus offrant et c'est tout.

Juste que, en fin de compte le jour où vous ne servez personne ou qu'ils ne profitent pas de vous, ils vous recycleront car la beauté s'arrête un jour. D'un autre côté, votre cerveau meurt avec vous parce que l'esprit contrôle le corps à chaque fois qu'il vieillit, il ne devient plus sage que si vous mettez en pratique les connaissances que vous avez acquises, qui étaient plus fortes et plus agiles.

Nous allons définir l'esprit d'un entrepreneur, qui est synonyme d'innovation, de changement, de fondation d'un nouveau projet, et pour cela il faut prendre des risques car un entrepreneur est une personne qui perçoit une opportunité que la vie lui offre et qui a le la motivation qui remplit cette opportunité attire une idée, par le dynamisme et la capacité à mobiliser des ressources afin de saisir cette opportunité.

Maintenant, si vous avez confiance dans l'utilisation de cette idée, vous avez une bonne capacité de convocation et de conviction, supérieure à la moyenne car vous savez vendre des idées et, surtout, vous avez la capacité d'obtenir des résultats.

Il est possible de trouver de nombreuses définitions sur un entrepreneur, mais il y a certains aspects communs dans chacune d'elles. Et cette personne doit apprendre à croire en elle-même pour que cette idée devienne un projet concret, une réalité qui génère une sorte d'innovation et d'emplois.

Bien que tous les entrepreneurs ne soient pas les mêmes, tous n'ont pas les mêmes capacités à exceller.

Pour eux, nous mentionnerons quelques caractéristiques essentielles de base que tout entrepreneur doit posséder:

Aspects positifs.

✓ Aimez le lecteur car c'est l'une des principales sources d'acquisition de connaissances et vous pouvez ainsi nourrir votre créativité. La lecture est l'une des meilleures compétences que nous pouvons acquérir.

✓ De l'énergie, pour pouvoir affronter les difficultés du début et les surmonter, sans se laisser abattre.

✓ Osez affronter les risques, vous lancer dans l'aventure.

✓ Conviction dans le projet lui-même, comme parcours de vie professionnelle.

✓ Décision de consacrer votre temps, vos efforts et vos ressources au projet.

✓ Savoir profiter des défis, ne pas se laisser vaincre en temps de crise et être capable de réagir.

✓ Acceptez l'échec comme le chemin du succès.

✓ Ayant la capacité d'interagir avec d'autres personnes qui recherchent le même développement, rappelez-vous qu'un entrepreneur travaille en équipe et doit savoir créer un climat d'harmonie avec ses collaborateurs, ses fournisseurs, ses clients, ses amis ...

✓ Soyez un communicateur habile pour exprimer vos idées clairement et spécifiquement.

✓ Avoir des connaissances techniques sur le processus opérationnel et le marketing. Pour que votre projet réussisse.

✓ Étant créatif et innovant, la créativité est la base principale pour être un entrepreneur agile.

✓ avoir de l'initiative et des responsabilités, rechercher l'efficacité et la qualité, être indépendant, mais capable de trouver du soutien auprès de son entourage,

✓ soyez courageux, mais calculez le risque, soyez persévérant et résistant à l'échec.

✓ soyez bien informé et ne refusez pas de consulter des experts ou de relever les défis de manière positive.
L'entrepreneur doit savoir profiter des circonstances et du moment pour développer ses idées, même si cela ne doit pas nécessairement être les leurs, mais sans répéter certaines erreurs telles que:

Aspects négatifs.

➤ Penser que toutes les bonnes idées sont nouvelles. La clé n'est pas toujours de créer quelque chose de nouveau et de révolutionnaire, mais de résoudre les produits ou services demandés par le marché.

➤ à l'opposé de ce qui précède, croyant que tout est inventé, les entrepreneurs sont ceux qui conduisent le monde, s'il n'y avait pas d'entrepreneurs ils n'ouvriraient pas l'ampoule électrique, les voitures, les ordinateurs, les bateaux, les téléphones, la médecine, entre autres inventions innovantes .

➤ Croyez que le produit se vendra tout seul. Il ne suffit pas d'avoir un bon produit, il faut mener une stratégie pour faire connaître le produit et le vendre.

➢   Croyez qu'en étant le premier, je réussirai. Si le produit ou le service est bon, il y aura bientôt des concurrents prêts à le surpasser.

Ces aspects ne vous mèneront qu'à l'échec à coup sûr, le meilleur moyen de l'éviter est d'être positif, de lire beaucoup, de vous entraîner et de vous entourer de personnes qui en savent plus que vous sur un meilleur mode de vie, rappelez-vous que quiconque s'approche d'un bon arbre rassemble de bons fruits.

Si vous croyez en vous, vous n'avez pas besoin de limites parce que vous brisez le moule en proposant de quitter votre zone de confort, c'est ainsi que les batailles sont gagnées en combattant pour ce qui vous passionne vraiment, en vous battant pour atteindre vos objectifs, même si vous pensez que c'est inaccessible. sera le but.

Numéro de règle 13.

Peu importe vos efforts, n'abandonnez pas, la vie vous mettra des obstacles, mais les limites sont fixées par vous-même.Beaucoup sont les êtres humains qui perdent la bataille sans l'avoir combattue avant d'abandonner trop tôt. C'est votre esprit qui fixe les limites. C'est votre propre perception de soi, votre propre image de soi qui deviennent les barrières qui retiennent votre créativité et limitent votre confiance en vous.

Lorsque vous sentez que ce syndrome est sur le point de se manifester en vous, dans n'importe quelle circonstance de la vie, pensez que vous avez une formidable «source de neurones» avec les talents nécessaires pour faire face à toutes les situations que la vie vous présente. Si vous prenez confiance en vous, vous pourrez la vérifier en cas de crise, d'urgence ou de besoin urgent.

Chapitre 13.

Notre vol dépend de nos rêves.

Vous ne saurez jamais ce que vous êtes capable de réaliser jusqu'à ce que vous essayiez, rappelez-vous que la vie ne vous mettra jamais face à une épreuve que vous ne pouvez pas surmonter, la peur de ne pas la surmonter n'est qu'en vous. La réalisation d'un désir dépend de la volonté qui est mise dans sa matérialisation ainsi que de la volonté qui vient basée sur la confiance en soi intime, c'est ce qui vous amènera à dépasser vos limites.

Il n'y a rien d'impossible tout peut être fait dans cette vie.

La clé est de savoir comment, alors c'est du plus simple au plus compliqué. C'est très agréable de penser que la vie se bat contre le plus grand des ennemis. Que chaque jour ils vont nous «attaquer», que tout le monde a des pensées positives, sauf vous. Cet ennemi est en train de vous trouver des excuses pour ne pas atteindre vos objectifs, créer des excuses, pour ne pas donner tout ce que vous avez en vous. Tout pour ne pas donner aux autres ce talent que vous avez.

Tout est bon pour vous, car en réalité, vous avez peur d'être vous, du bonheur. Peu importe combien vous dites ce que vous voulez, si avant de commencer, vous vous intégrez déjà au négativisme, croyant aux limites, aux mensonges, que les autres vous disent, je vous assure que vous n'avez pas de succès garanti.

Nous devenons conformistes pour diverses raisons:

En raison de la dépendance envers les autres, d'une faible estime de soi, d'un manque de motivation ou de la peur de quelque chose, un ou plusieurs de ces facteurs limitent notre développement et notre croissance personnelle et nous empêchent de franchir cette barrière qui vous fait voler haut, bien que ce ne soit pas tout le monde. qui Ils entourent sont des mouches, et bien que cela semble offensant. C'est une métaphore pour nommer des personnes envieuses, bavardes, mal intentionnées et à deux niveaux qui ne veulent pas que vous atteigniez vos objectifs et qui veulent endommager votre aura par la négativité qu'elles possèdent. Ce sont des comparaisons allusives avec des personnes qui aiment mal voir les autres et ne contribuent en rien à la croissance des autres, mais au contraire, c'est vous qui décidez de vous adonner au négativisme ou non. Il est temps de laisser des traces indélébiles pour l'humanité. Je parle de ces traces qui durent dans l'histoire de nos générations.

Ces traces qui sont indélébiles pour l'humanité, quand on se souvient d'un tel jour que ta peau rampe quand ces souvenirs te viennent à l'esprit pour voir la gloire du succès obtenu puisque le sentiment de gagner avec rien est comparé, c'est plus grand que tout Notre fierté est tellement grande est notre foi de croire à nouveau en nous-mêmes. À tel point que nous devenons des êtres de lumière vivante avant l'humanité, pour voir nos exploits accomplis.

Chapitre 14.

Concentrez-vous sur votre projet de vie, Soyez visionnaire Le ciel est la limite.

Ne vous préparez pas à faire partie du groupe de personnes avec une vie simple, allez-y. Commencez maintenant avec ce projet de vie qui vous attend, allez, qu'attendez-vous? Il est temps de bouger.

*** Nous donnons nos vies pour nos objectifs.**

Vous devez apprendre à vous battre pour vos rêves et réaliser la réalisation de vos objectifs, rappelez-vous que tout est basé sur une vision, vous devez donc cesser de chercher des excuses bon marché et commencer à vous battre pour ce rêve que vous avez tant désiré afin que vous puissiez avoir un objectif personnel qui vous motive à vous battre pour cela et à y arriver car il ne suffit pas de penser simplement si nous le méritons vraiment ou non, alors la prochaine étape sera d'agir en démarrant notre créativité.

*** Tout commence par une idée et de cette idée naît une vision.**

Exemple: Chaque fois que nous nous réveillons, nous nous préparons pour le début d'une nouvelle journée, ce jour pour la plupart des gens ne comprend que les éléments suivants:

Se réveiller pour les activités quotidiennes, qu'il s'agisse de sortir du lit, d'aller aux toilettes, de faire la vaisselle, de se battre, puis de s'habiller, de prendre le petit-déjeuner et de se préparer pour des endroits qui vous occuperont à 100% pendant la majeure partie de la journée, que ce soit travail, université, école, activités sportives et récréatives, entre autres. Le plus curieux est que les mêmes activités se répètent toujours jour, après jour, après jour, après jour, après jour, et c'est plus que ce que nous nous efforçons de survivre que ce que nous réalisons par nos propres rêves et plus nous voulons. améliorer notre qualité de vie plus que nous devons consacrer à cette activité en sacrifiant le temps que nous pourrions passer en famille, ou dans des choses plus importantes.

Sans nous en rendre compte, nous luttons pour réaliser les rêves des autres afin de maintenir un style de vie basique et simple. C'est là que nous devons nous soucier de nous battre pour réaliser nos rêves.

*** Vous devez apprendre à contrôler votre cerveau,
Sinon, il vous contrôlera.**

Beaucoup d'entre nous se sentent mal parce que lorsque nous faisons une nouvelle activité, parfois les choses ne se passent pas bien ou ne se passent pas comme prévu, et cela crée une personnalité négative dans notre cerveau en sauvegardant cette mémoire, et c'est la meilleure partie de cette expérience qui est perdue. parce qu'ils n'essaient plus par peur de l'échec. Sans savoir que les expériences se découvrent après les échecs et que c'est là que l'apprentissage est né. C'est ce que nous appelons dans mon pays "Essai et erreur.

*** Votre avis est le seul qui compte pour défendre votre projet.**

N'oubliez pas que vous êtes responsable de vos propres succès ou échecs. Si nous commençons à penser que les autres sont responsables de nos problèmes et de la façon dont la vie se déroule, ce serait une chose stupide de penser de cette façon.

Si vous faites partie de ceux qui pensent de cette façon, vous devez vous demander quelque chose.

Où diable sont l'effort, votre lutte, votre créativité et votre esprit d'entreprise?

Ce n'est pas une blague, c'est une réalité, où votre esprit d'entreprise et votre envie d'aller de l'avant!

 Les tiers sont les autres, votre opinion et vos décisions sont ce qui définiront votre avenir. Nous ne pouvons pas passer par la vie à blâmer les autres pour nos échecs.

Prenez le temps nécessaire pour réaliser vos rêves, pour recueillir vos pensées et traduire vos visions dans un crayon et du papier. Nous devons développer un plan d'action pour réaliser nos rêves et avoir un objectif précis pour y parvenir.

*** Il est temps de planifier notre destin et d'apaiser notre défaite.**

Personne ne se prépare dans la vie à l'échec, mais la réalité est que beaucoup de gens échouent dans la vie parce qu'ils ne se préparent pas au succès, ils veulent juste être en bonne santé, avoir une bonne forme physique et se sentir mieux chaque jour mais ils ne font pas d'efforts pour changer leur vie et n'ont pas l'intention de faire quelque chose pour y arriver, ils essaient seulement de faire quelque chose qui génère la tranquillité d'esprit à un certain moment sans avoir à passer par autant de processus de travail pour réaliser quelque chose, par exemple si nous avons l'intention de perdre poids et maintenir une vie un peu plus saine, nous devons nous efforcer de mieux manger, de ne pas manger autant de sucreries, de sodas, d'aliments avec un excès de graisse ou qui sont transformés avec des hormones, entre autres exemples.

Tout cela semble ennuyeux, mais lorsque vous commencez à vous battre pour atteindre votre objectif, vous découvrez quelque chose de fantastique appelé «processus de transformation pour atteindre l'objectif souhaité» et ce processus de transformation s'appelle «changement», de sorte que le changement nous laisse avec un processus d'apprentissage. Tout ce que nous avons dû passer pour atteindre notre objectif.

* Préparez-vous au succès et non à l'échec, rappelez-vous que vous devez mettre vos visions sur papier afin d'être plus clair sur votre véritable objectif et comment vous pouvez l'atteindre, c'est l'une des principales idées pour commencer.

* Vous devez également prendre soin de vous et voir avec qui vous sortez, rappelez-vous que les personnes avec lesquelles vous sortez influencent également votre mentalité, soit en raison du type d'informations positives ou négatives qu'elles vous donnent.

* L'échange d'idées avec une autre personne doit être clair afin d'apporter quelque chose aux connaissances qu'ils vous fournissent.

* Toujours analyser et organiser vos pensées, car votre opinion est la plus importante de toutes, ainsi que vous devez croire en vous-même.

* Planifiez un style de vie différent du reste des gens autour de vous, faites-le à travers vos compétences et vos propres critères.

* Ne soyez jamais laissé avec le doute sur ce qui se passerait si vous faisiez quelque chose, bien sûr si cela apporte quelque chose de positif à votre vie, faites-le et c'est tout.

* Étudiez ce projet qui attire tant votre attention pendant un certain temps pour en éviter la simplicité, c'est-à-dire, étudiez-le encore et encore et encore, chaque jour qui passe, ajoutez quelque chose que vous apprenez à renforcer votre objectif pour y arriver. objectif.

* Une fois que vous réussissez, ne vous en sentez pas satisfait, pensez toujours à demain et aux opportunités que la vie vous offre pour réaliser de nouvelles choses.

A PROPOS DE L'AUTEUR.

Edbert Josue Rios Toro.J'ai 27 ans, je suis né au Venezuela, dans l'État de Miranda. Venant du sein d'une humble famille. Depuis que je suis enfant mes parents m'ont élevé avec une discipline et une fermeté pour forger mon avenir puisqu'ils m'ont appris à me battre pour cela, j'ai 2 sœurs, depuis l'âge de 8 ans j'ai pratiqué le Karaté Do et le Taekwondo. Mon enfance a été fantastique, même si j'ai dû apprendre à travailler depuis toute petite pour atteindre mes objectifs et grandir avec cette discipline qui m'accompagne jusqu'au soleil d'aujourd'hui, à l'âge de 14 ans j'ai étudié l'informatique et travaillé sur une FM Radio. En tant qu'opérateur audio, Emisora qui a été ma maison de formation professionnelle pendant 10 ans. J'y ai rencontré de nombreuses personnes entreprenantes avec des visions du futur car elles parient toujours pour croire en elles-mêmes, donc je maintiens la perspective d'être un entrepreneur, en plus du fait qu'elles sont devenues ma famille. De la directive de production, des artistes, des annonceurs, des opérateurs audio, des journalistes. Parce que nous avons partagé des moments et des idées uniques pour nous améliorer en tant que personne. Du plus professionnel au plus jeune.

J'ai également étudié le génie civil dans une université publique, j'avais 2 semestres pour terminer mon diplôme, j'ai dû le geler, je ne l'ai pas terminé car j'ai émigré au Pérou en 2017.

À la mi-octobre, pour obtenir de meilleures opportunités en termes de qualité de vie, rappelons-nous que mon pays traverse depuis des années la pire crise économique de l'histoire jusqu'à présent en 2021.

(Venezuela) En 2013. J'ai développé plusieurs projets pour aider diverses communautés à construire leurs maisons et à les réparer en effectuant un entretien préventif correctif ordinaire et extraordinaire. C'est ainsi que commençait le développement de ma carrière. J'ai également apporté des travaux de génie civil depuis l'âge de 16 ans. Et il a inspecté les travaux. Mon premier emploi était comme entrepreneur de peinture et de finition.

J'ai émigré au Pérou en 2017. Parce que, comme vous le savez, la crise affecte le pays depuis 2013. En raison d'une mauvaise gestion politique. Pays où j'ai été accepté par les descendants des Incas. Le Pérou est un pays d'entrepreneurs avec un grand pouvoir à exploiter, ici les gens sont très culturels et parient sur le développement endogènes, c'est-à-dire qu'ils parient sur la production nationale et maintiennent leurs racines, ce qui en fait des entrepreneurs par le fait de parier sur leur culture et de la vendre aux touristes, par exemple, Machupichu, le bain Inca, côte verte, longue mer comme lieux touristiques , / sur la gastronomie, ils ont une infinité de plats tels que: pomme de terre à la huancaína, chaufa, lomo saltado, cuy al pisco, humitas, nouilles saltado, nouilles vertes, ceviche, poulet grillé, cause farcie, poulet au piment, pachamanca, tacacho avec séché, tacu tacu, entre autres plats typiques.

Ici, j'ai appris à cuisiner certains de ces plats puisque mon premier emploi était de travailler dans un restaurant en tant que serveur. Même ainsi, avoir des connaissances en radio, programmation et construction. Ensuite, j'ai travaillé dans la construction civile avec deux contremaîtres de la construction qui étaient comme mes frères et mes troisièmes parents parce qu'ils m'ont appris tout ce qu'ils pouvaient et m'ont encouragé à aller de l'avant.

11 mois plus tard, je suis retourné à la cuisine péruvienne en travaillant à nouveau comme serveur et cuisinier pour en apprendre le plus possible sur la culture péruvienne et apprendre à cuisiner. Aujourd'hui je remercie les chefs qui m'ont appris un peu de leurs techniques.

Actuellement, j'étudie la carrière de Barman et je prends des cours d'anglais intermédiaires. Je compte bien sûr terminer ma carrière dans le génie civil car je suis de ceux qui parient sur l'avenir et croient en moi car je pense que la peur ne va pas loin.

Merci d'avoir acheté ce livre.

Mon Wahtsapp: +51984741740.

Mail_ influences millionnaires@ gmail.com

Facebook: entrepreneurs influents.